SEARCHING FOR

Inspiration

WORD SEARCHES &
WRITING PROMPTS TO UPLIFT

D

DRIVEN

Published in the United States by Driven, an imprint of Zeitgeist™,
a division of Penguin Random House LLC, New York.
penguinrandomhouse.com

Produced by Girl Friday Productions

ISBN: 978-0-525-61769-3

Written by Miriam Hathaway

Book design by Rachel Marek

Printed in the United States of America

1 3 5 7 9 10 8 6 4 2

Image credits: Cover, page 1, djero.adlibeshe/Shutterstock (marble
texture); interior, Olga_C/Shutterstock (stone line art)

"Find out where joy resides..."

—ROBERT LOUIS STEVENSON

Where do you find inspiration? It's all around you if you take time to look. Inside this book, you'll find more than one hundred word searches to help you practice slowing down and listening to your deeper self. You'll also find thoughtful writing prompts for guided journaling. Let the words you find in the word searches inspire you as you journal and discover new things about yourself and what's important to you.

By completing the word searches, you'll have a chance not only to hone your powers of observation but also to ponder the many different facets of positivity, kindness, faith, and hope. These are the key elements to finding inspiration in your life.

Create a spiritual practice out of your time with this journal by filling in one page each day, or open to a random word search when you have a quiet moment. No matter how you use this book, you'll have fun and build a richer life.

SEARCHING FOR . . .

Positivity

SEEING THE POSITIVE

Good things are all around you. You just have to stop to notice and appreciate them. The good news is that the more you practice, the more goodness you will see.

At the end of the day, take time to reflect back on all you experienced. Think about the activities you did, the things you enjoyed, and the people you interacted with. Now answer the following questions.

What are three things you are grateful for today?

_____

_____

_____

_____

_____

_____

_____

_____

_____

_____

_____

_____

_____

_____

_____

_____

_____

_____

What made you smile today?

_____

_____

_____

_____

_____

_____

_____

_____

_____

_____

_____

_____

_____

_____

_____

_____

_____

_____

_____

_____

_____

_____

_____

_____

_____

Reflecting on . . . *Gratitude*

Let your eyes travel over the letters below. Write down the first three words that you see. (Hint: there are fifteen words total.)

1. _____

2. _____

3. _____

```
C J I C R K X R T Y G K P H Q J I E D Y
Y Y Z T O Q E M R T P U W L M C W E H D
V K L E H M R R G F F O Y P O M H K M U
E T N L Z L F H U V H G B M Q E O C P D
F X O R P Y Y O X T I P M Z Q L H Z L B
T Q C P Z H J O R H A U E N P H B U O O
D X C G L C Z W Q T N N N T H Y L Z V O
W G S M Q N Q R Q I B P T J H V W E Y
V B H B X S R N T H G H Y W E O E D M I
X G N T I R E Y L H S G I B H P M B N A
Y L O S G L Q H T E S Y N V I L O Q Y C
P K T P D N V P A A Q E I I P I H Q W T
H E Y O C D E X A L C U I L X J D T S U
P K O Q B A S R U T S V H R S A U D D Q
M F Y F E L I B T H U L N C O N L Y S I
L H G A E C J T C S P S I Q D M P E D C
X C D T Y L I M A F P G T B H Y E J R K
N O O T Y J S J O R O A F S O H Q M O V
K I N D N E S S L N R Y X U Z J L J R L
Z T D Q Q C C Z T C T M S S D N E I R F
```

Now let your three words inspire you to think about gratitude in your life. Why are you grateful for each thing? How can they help you to cultivate gratitude every day?

_____

_____

_____

_____

_____

_____

_____

_____

_____

_____

_____

_____

_____

_____

_____

_____

_____

_____

_____

_____

_____

_____

_____

_____

_____

MINDFULNESS

```
N G B G X L H W C W B P H Q S C G V A X
S U B A F C Y H R J F S X L T W V J A
M K E D W B O H A R M O N Y J Z B B D P
I D I N K N F V X Z A W A R E N E S S O
K A N T E P U O C T P G T F E V L W B H
M M G I K R X L C P K N I L A W V H H
Q L P R W R V K C U Y L Q T Q M R E J Q
W E J I M F O V I C S R Y H L V G F O Y
Z T B P J O D L V E M G Y O D V P F H Q
J N M S K L M V C J R X I U I I J S F S J
O C A L M W X Q D C G J A G R P I Q C E
H O K B J Q F D X V I K F H M W V T C H
X Q Q A W D F Y E N P M D T C X Z N Y D
X O P K M V R Z D E G B Q F N T M E K J
O I S J G W L E I C B V N U L Z U S P D
J T E Z A G H M G M B L T L E C A E P D
N C E G B E S K S S F Q N V Z C D R T F
G W H H V H B P N F L D P P I X N P E W
H E I N T E N T I O N U Y R J P O R E N
Q O O H Q U E A U L O T B U K O V K F W
```

WORD LIST

CALM	SPIRIT	HARMONY	PEACE
BEING	THOUGHTFUL	AWARENESS	
PRESENT	FOCUS	INTENTION	

JOY

```
A G Z W E D Z S R K E S W L F V C O B I
H A P P I N E S S M D B O D G Y W L F G
S T J Y G P N D V K E R J J A D R I S N W
D X P Z J W K J J F S Q D S T S I R X D
F U U B G T E W H D M F N S S H W N N E
J M O D R L X X X D T N F T K G G N Z L
S F E W M I E J C Y Z I H W V J T S E I
F U A E Y J G E Y I X Q H C N B R B I G
W S F H C Q L H X Z T M X M G A B N A H
T G J Y B B I V T X C E G Q D A P R B T
V F L I S S P T M C N D M G E Z I W R K
W J X A E A A P N L L R Z E S B Y B V G
N M Q A D R I H C N C P O S N G D O X G
V F U G E N U J J U U O O M X T Z F F D
U T W K G V E S R D H U Q P Y D U L N B
Y X X G L Q A S A W S A S T K C T X W I
N N D G W B T M S E U Q X V N H Y A V P
W S E N G T W O Y M L M W C F F M T E D
C D E T N E T N O C O P C N V L Z N F R
X R O O B I U N P B K V F G I B U F O W
```

WORD LIST

BLISS	CONTENTED	DELIGHT	PLEASURE
GLEE	GRIN	EXCITEMENT	
GLADNESS	HAPPINESS	BRIGHT	

PLEASURE

```
K G L O R I O U S J D X R P M I N J Q E
D Q A H R T T C X M O J Q S C U E Y N R
Q J D V F D X F B O G T U O G Y S L E E
U A E U M L R Z W R N Q Z M E O D P M L
Z G N T A X I M D L P E D R F V U M I I
P Y T N S Q F W D K D R G T X F C J H E
D E L I C I O U S D H I E D H E X C C F
I E O J L E D P G X N N Z N Y B T I Z R
N S S X X B C B K P L I G M N J P S F G
O L Q W T G Z S X I O L N A T C D O A R
F A T I U I G F L F B Y I H X X W A D T
A U J B S Z J Q G G J U V R M Z E F F Y
M W U I E W Z B F O K C D L H U A G A J
U C J F E A G D B T G A H W Y T S Q K L
S N J S K O O D O C R D P H T I G I Q Z
I Q J W G F U R E X F P Q N R F B D C H
N Y F P J N F I X D O M B X W O H I L S
G V E J S S G R A T I F I C A T I O N X
A L A U G H T E R P B B D Y G C M V O G
X Z M W R G A W Y O I M W Y S B T L O R
```

WORD LIST

DELICIOUS	MUSIC	GLORIOUS	THRILL
LAUGHTER	RELIEF	TASTE	
AMUSING	SOFTEN	GRATIFICATION	

HAPPINESS

```
A G D H S Q B N R P T A K S L Q L X S R
J H Y D T R E V E G N I S C X Q F H M R
W D I G M M A R O L Q E U L H V P I E Q
P E Y L B I M T O O N D F Y C E V Q T S
O U Z I B R I O Z T C Z G R Y N E Z C N
B G M J Q M N I E N R H D I A O D R C K
F P G E H X G E P L Z Q M N R D P D J O
B H C S L K W L I N R V C H K H O L I Q
C O G W P S Y F A M V S M I L E S S T Q
E Y Y M D D E Q O Q R S E K V I Z V D
L E R D A L D W N O U R A V I W T G U H
K M L M O O D O L Y T L L Y B D I V V H
T N U N F J J U B P R O M O T E V H W J
K T G P N V A D H Z K E C Q S S I J L R
F H Y Z H K V A H P M M W A P R T Y A O
I L I G H T N E S S K M U A U N Y K F E
U E A U A D Z F B Z K E R S O Z T E O W
J M I V U A Y Y O B B K X A F V F C Q V
E O C I T S I M I T P O S M C H B C D G
B G U S T E H J Z A V R O B Y K K P M N
```

WORD LIST

POSITIVITY	PROMOTE	SMILE	LIFELONG
LIGHTNESS	SPARK	BEAMING	
CHEER	OPTIMISTIC	SWEETNESS	

Reflecting on . . . *Nurture*

Let your eyes travel over the letters below. Write down the first three words that you see. (Hint: there are fifteen words total.)

1. _____
2. _____
3. _____

```
P V S D B B X F B Q I J G B E E W B A L
F X Q F J R L P P X Z J E W M F G D P M
R L O E S O E K V T Z V N X P Y K D H I
M P G L N M F J W E E F E X O T A G Q J
J B Y E C V N Z G K E G R Q W E D G Y G
V G F Q M O I C U W N F A S E N C C K L
W V X T T B N R H M H G T X R D C V W A
G V C N H D O S O O X T I J O E F J O D
M V A E R Z T D I N F G O E I R L C W D
P V R N I R C G Y D M V N J H L I U O E
T S E C V X B D W M E E E J F Y Z L B N
I M V O E F A X J E R N L C A C T H A
K T E U V R A P S V T C Q T R A C I D B
B C L R X T T B U N E H Z A W F L V S A
N U T A J R N P R R M S D L X R L A I M
P F P G N N S R M W I T W X S X E T Z X
A A J E I Z S G U R F F G H D F R E S D
E F Y B A C M W Y B I V Y Z C Z T M M F
R D W P B S A V W M P R O T E C T I N G
Y M T A O B E E G E N R I C H J W V F T
```

Now let your three words inspire your thoughts as you answer these questions: What nurtures you? How do you nurture others? How do you nurture yourself?

_____

_____

_____

_____

_____

_____

_____

_____

_____

_____

_____

_____

_____

_____

_____

_____

_____

_____

_____

_____

_____

_____

_____

_____

_____

_____

WELLNESS

```
G Z M T X Q G Z D Y U U V B X P U A H Y
Z M N S S W C I C I N D G E S E M E E Z
N G Y U Q J G R N X O I V Q G W L C A T
V A I A I U R Z R H D O G I Z E Z E R G
P N P M G V H G Z K C Y O M T X S Z T J
W R A G I D U D Z K I G S G C N L B I M
A J Y V N S P T J T K N S A B D G G N E
H A L U N P S I O G S I Q C B N R S E L
G U O O Q T G I I L S E G J G P O U S M
S S S Q W A X X O K W B V L U E U L S D
K O O M S O T G R N H L E H Y Q N O E Z
A V G N E F C E E A B L N C F R D J U E
K J D U E I G P R Z Q E X I N L E F X Y
H J B L J T M B D A L W T F N D D W A Y
A C O O I N L Z N S J Z C Z D X F D Q J
Q H L O B E D W N K B A T J C Y Y H S G
W I K D J S U S T A I N Q E S N A E L C
I I W P M S K R B W I J O F U V A P Y C
C T D R T Q O T O G G U E P R O S P E R
R J F H U U M R I D N J D Z C R K D F L
```

WORD LIST

FITNESS	WELLBEING	SOUND	CLEANSE
HEARTINESS	PROSPER	SUSTAIN	
WHOLE	GROUNDED	MISSION	

INTENTION

```
I B X L K G M J W F Y T Z F U X X O R H
K Y V R N F A B V Q U T N A T S N O C J
C C K W W O W B N O H I F D R Q W S B V
B N V S D Q S U A U T H E N T I C V T Q
E V B X J I B Y W Z X F B F O W K Z R G
R E M I N D E R S H L N E E I U L R M P
A L I G C S S B E T G F K Z M A O E Z H
O J D T O G L W A C F C H D N E A M M L
K U G R N X U K L M G T F C O N A S A U
M U Y X S K N A P E W B V G I Q E G J K
Y Q Z J C P R I T U A L Y N Q R H W E X
J E J V I P N W S G O G J U S P F T R
L N L T E E N A M R C F O A R M W T H L
L S H U N B N V P E U K M F O L M G O W
O D Z U T F I X U L X B W K S G P Z R C
D E B U I Z D K N P J Y L D N I K X O J
W X D D O L Z J R Z Y U Y U Q J M J U T
S Y T Z U S H K Z R M D U A Z O H D G G
W Y V D S K Z A F X K M Z S Q Y A W H M
B O Q M S L O W P A C E Y O D W T A H C
```

WORD LIST

RITUAL

REMINDERS

MEANINGFUL

SLOW PACE

THOROUGH

CONSTANT

AUTHENTIC

KINDLY

CONSCIENTIOUS

EAGER

FRIENDSHIP

```
M D M L S B N V M D U J D A V C N J Q F
T W Y H H E A R T E N I N G G R D C I Q
Z Y T O L Y C K N O I T A S R E V N O C
A G C Q S X K S N I U Z B I E Z A A X C
F Y V D E V E L O P E R J K Z K O Y H A
J W F D Q M P R N V F U T E D H F O F F
A U P T E G N S R U M S Q E V A V E F F
D G A X K T G L G W V G V X L M W J E
W G R B D D C R N I X O K U W P H A G C
K D R Z Q V G E F F L H W B Q Q E O R T
B I Y P Z H X C P E M X A C I I I L E I
Z P B L Z H M C B S W Y B P U V T R E O
C H E R I S H V F H E T L Y O C I D T N
S M Y W O E S L X G L R N G C J Q V I E
U L Q W H Y B Z J L B R W Y Q Z Z S N O
C L I E J L B B P A K I H S U U E N G D
I K S E U R B A V A R J J R D F U X J V
O L Y B D L S F Z Q X S H A R I N G J I
N J O R K N Y L T S E N O H H Q O O C V
F S O Y M B O J W P B C A I B X C M E V
```

WORD LIST

AFFECTION	DEVELOP	RESPECTED	CONVERSATION
SHARING	HONESTLY	GREETING	
HEARTENING	CHERISH	BELOVED	

CELEBRATION

```
R K G M V V S T U M F F I I H D W G J I
W E G E E M C U B R H M G W Z Q U V U I
Q C S Q S X M C C I P R E P A R E O D A
E W Y O X Z F F H Y R N J C A E W Z O Y
Y D I T U G T O S Q N Y N O M E R E C K
M M X Z B N W B C E T I R L G P B C F H
F T Z R Z X D K V D L B X N Z B V I E F
E Y Q C I G S I D W Y J P P H A Z W S E
G U W L W V T Y N T E T X C Y L U Y T F
G U E D T T Y G J G T F I A E Z F E I P
I F J F V S D F I R N P J N U Q B W V B
V X L Q D V V I L R I B Y P U O Q A E Z
C Y G E G S P W R D I L E T P D Y R G Z
V Q R E B M E M E R V W G M L T T A C H
S S E L T I M I L E V J A B T K X J Q P
C E S P E C I A L B X K U L M F D I T K
B M D I Y V D A G L E A O A Z V S R X X
K M I E W Z Z G W W L U N M G I C F I B
V V C A B H D T Z N Y R Y W S E E A A P
R E J O I C E T E X M N H L K T P S T L
```

WORD LIST

REJOICE	CEREMONY	UNITY	MAKE
REMEMBER	SPECIAL	RESOUNDING	
FESTIVE	PREPARE	LIMITLESS	

Reflecting on . . . *Rest*

Let your eyes travel over the letters below. Write down the first three words that you see. (Hint: there are fifteen words total.)

1. _____
2. _____
3. _____

```
N A R E L A X F I V L V S C R M P B H C
M X Q M Q M W E C G H K Z D E E V X T W
P B N N E D T P A P W M X H T P Z U X F
T J Q M N B S V L O P W L N R S S C U P
B H Q M G G O W M R E P F C E O I I R H
T U X Y Y V O A N Q E F H B A L L K Q K
R Q U G Q R T Q E Q U I E T T A E R S H
A R T T D F H N S T Q A E T P C N C T Y
N V V E W C E X S X Q R F M M E C I R B
Q Q Q X V A E L R Z H L P T P H E D E C
U O L C S K Z L M I F F R M O U Z S N F
I O I V H Z J U G E N T L E Q J F M G Q
L C G O C P X H Z A N Q W T C H J K T S
I Z H H J G R Q T Q M H Y S H W C V H E
T T T E N C S N T Y H Q V G L Y B U E B
Y I L Q B C R E F R E S H O T E T U N S
Z I Y O V G F M T N D F D N B F E E P D
R E C O V E R I B D H E A L I N G P I M
C I B M H D I G Z E N Q B U Q G O M I Z
F C B B E K M U Y P F T Y L T W F C W N
```

Now let your three words inspire your thoughts about rest. What makes you feel rested? How do you find rest in your life? What else can you do today that's restful?

_____

_____

_____

_____

_____

_____

_____

_____

_____

_____

_____

_____

_____

_____

_____

_____

_____

_____

_____

_____

_____

_____

_____

_____

_____

_____

FULFILLMENT

```
C O L L V B H O Q Y G H S F Q A A O Q K
F R L L E E P P L L M C M H O N E P G H
D D A B T M G M U L T I F A C E T E D O
N C L V O M T G D H Q X I V F W O X J Y
C Y R N E Z D W Q A B S O L U T E L Y P
Q C V L Y H W G R A T I F I E D T J J J
Y O W O L F I V S M G Y P U R J A B N A
L Z M I D I M A V Q T J A O X T J B W C
X U Z V H U P A Q I I P W G I X O P C O
R N W Z R S F S L D I G T Q K S L V L M
F N M C C Y M A Q D U P P P O I E S J P
O P R I M S U T W B E U Z R X R R R N L
Z Q R X N Q B D P M G U N H U J H A A E
V C H S F X D M Q I M R U O Q X M P V T
P H W W O J I R R O A X H K T M H B M E
C L H E D I P A S R J G F G L R W Z E O
W T A E I A P W G U U U I I H C D N U U
Z N E T E J D L E O N N Q Q J C E X G G
W P S W X I G Y N H O V C D A V B W R D
G W R X E X I E P F M G D B T W N V D Y
```

WORD LIST

GRATIFIED	POISE	FLOW	ABSOLUTELY
CRAVE	MULTIFACETED	QUALITY	
COMPLETE	SWEET	ENOUGH	

SIMPLICITY

```
Y B O D P D I O E K N P C F E P A T H C
S U F R S K M R P Y E E E P C V P I R O O
E L V D S P Q V V F G V E J E Y I F D M
T U B N D C P R J F F L B M R A W M V M
K A D C F A B P Q Y D Y O A Y C P E D O
M Q M M A T T E R A K O U G D X H S N
E D Z U Z J J K G U W L A U A X K G B S
R L D Z A Z P V T I V Q I S Y H J P I E
O M I D L Y F I N B N I Z S C S K A E N
U E U L C F O M F H Y N D V H P S F E S
T C X I E I D W W T B P I U M B H W H E
I R B W D O Z G I J G P H N V J C A W E
N O Y F D P L R V V D X B P G L E K D Q
E H V R G Z A F F U I T L U F E R A C S
B G I V T L L H M S L S Q U P F H J Z R
L A N K C V B K V C J N A R A I O D S
T K Y R V S X S C I F I X X C E Y C Z U
H I L Y T D F G U O M N L L P P E J B I
D T R I G H N I B T Q O S S E N N E P O
J L Q K R B B Z U J R E L E A S E S B P
```

WORD LIST

EVERYDAY	RELEASE	BEGINNING	CAREFUL
CLARITY	PATH	COMMON SENSE	
OPENNESS	MATTER	ROUTINE	

DREAM

```
C Z X F G J I A L I A T A H R A A L X A
P H Y I Z P Y C C N K R I X Z C E P A I
S F P P O H C P O F K G M G V K H X H F
T Z V U H H Z J M I G G F I J N I X Q E
E P J A M F P J M N J C O E B O G F X W
K L E C Q M U L U I J I R B R W H X V V
J N K S O A N K N T R A M M F L E D K G
M L P E Z S F S I Y S U E A O E R K V K
C S I C I B A J C G Z V L H Z D K Y H C
Z Q N R L N I X A I K Z A K S G A C C Y
Q T Q B K V L T T B N Y M W I M L C I R
P U M C X X I V I B T F B X M E N C N W
O U C Q X D N S O O U D I F A N B C V Z
U Q U Y Z C G S N H C E T T G T O B B U
D U F T Y V R J R Y X D I Y I M S S D T
D S M U U E N R P C Y I O Q N J G A C G
E I N J D F K X H R K C N X I N Z J P Q
V S X N Z I N X F L R A B A N T C Z R N
U X O U H N F Y U E D T A U G E R P U H
K W C E S E T D L Z Z E G T M F E A F Y
```

WORD LIST

COMMUNICATION	UNFAILING	IMAGINING	HIGHER
ACKNOWLEDGMENT	WONDER	AIM FOR	
DEDICATE	AMBITION	INFINITY	

INSPIRE

```
F I M S E T S H A R E N Y M T B T P K M
H G G D C R R E N T V H Z P A K O Y F Y
C B J O Q X N B O S J K Y F O H A L U L
B R I G H T E N J T S B C T I O B Y A I
B S F Z D J P X V X R Z L Z K S Y B Y G
L C R G U V F W L V X D B J W E R S E H
I B U X N C U P G K T X B H O A B L N T
R G E E K I U T R I G U P G F R K M T U
F K D P W M N Q U T L S I G U R Q Z K P
C Q A C K W C E F D A A E J A O P B P A
K H J L B Q J V T B Y R T P U Z S T B K
W N K O C T C I P S B U S D B U N V B P
L I N D U L G E J X I N W R K E M L A B
P A N O U P R Z G W Q L X Z M T V H N F R
N N O F Z B O K Z U R J C I L B R V X C
J W L E T F Y E V V E I L A S A Y N I K
J F W I B S B S W J S P X M E Y V T L I
R D Y N A M I C O J M C H Y K R K T R W
A R E Q F Z V E O V X M O T I V A T E
K D W D I I M I C M F P O T Y P L R N K
```

WORD LIST

INDULGE	SPARKLE	YEARN	LISTENING
COMPLIMENT	DYNAMIC	SHARE	
BRIGHTEN	MOTIVATE	LIGHT UP	

Reflecting on . . . *Appreciation*

Let your eyes travel over the letters below. Write down the first three words that you see. (Hint: there are fifteen words total.)

1. _____

2. _____

3. _____

```
J  R  A  Z  I  V  F  C  D  X  Z  Q  I  F  G  U  X  F  P  W
U  S  X  E  I  Y  L  D  M  T  A  G  O  L  J  F  T  M  E  G
H  Q  E  M  I  F  P  C  L  O  B  G  R  F  C  W  S  L  R  L
Q  O  R  O  U  T  S  T  A  N  D  I  N  G  E  X  I  G  C  L
D  U  Y  F  Y  E  N  L  I  V  E  N  E  A  O  A  N  L  E  T
A  R  W  L  Q  F  O  Q  Z  P  P  P  I  A  J  A  C  T  P  P
Q  Q  E  C  J  L  R  G  S  D  Z  F  F  K  T  K  E  Z  T  P
G  G  K  R  U  N  C  O  M  M  O  N  N  N  Y  R  F  I  V
Y  T  N  A  S  L  U  P  O  G  S  H  Q  A  P  K  E  I  O  T
M  K  P  G  A  W  H  K  B  P  D  M  D  X  W  W  H  Z  N  H
G  W  H  Y  A  C  C  O  M  P  L  I  S  H  M  E  N  T  E  H
F  O  I  F  N  P  O  D  V  R  V  A  D  F  S  E  D  R  W  N
T  S  G  Q  C  I  H  Z  V  I  L  O  V  I  N  G  J  E  P  H
S  Z  H  W  V  Z  Q  N  J  V  D  X  I  A  B  P  R  A  K  S
M  S  E  O  A  P  M  B  Y  I  H  J  R  J  L  M  P  L  J  K
H  Y  S  T  D  B  O  E  U  L  U  G  K  G  Y  U  K  I  E  Y
E  L  T  U  D  O  W  A  B  E  R  G  V  X  R  X  E  Z  M  B
L  R  K  J  C  I  I  U  E  G  D  E  E  P  E  N  B  E  Z  W
M  Z  E  A  T  M  S  T  L  E  R  G  X  O  R  P  K  N  V  B
D  S  T  E  T  J  C  Y  W  E  O  R  O  O  Y  G  K  F  V  V
```

Now let your three words inspire your thoughts about what you value in your life. What are some things you appreciate? How do you show appreciation to others?

_____

_____

_____

_____

_____

_____

_____

_____

_____

_____

_____

_____

_____

_____

_____

_____

_____

_____

_____

_____

_____

_____

_____

_____

_____

_____

HONOR

```
L W Z T T T F R O U Z Q K X U S T F W Q
N H F L D F B Q Z D I S T I N G U I S H
G J O Z W F E T P R A I S E W O R T H Y
Q Y J B L X S F Z P F S E B G U A O Z Y
E I K E D A T E G U B D E I F M O V B H
M T B N E G J M V T B A S Q N S Z M E T
X R R Q O P M G F K D F J H F C T C V A
I I V L X U Z I R R H G H A X I T L U A
I B T X V B L Z T N U O N Q X O V W K D
V U Q F B P H N K W X F A Z B P C E F W
Q T U H U S E L Y G W G L O R Y M D O D
K E E G F I W I D V T T O X R P A V J P
B T N V P B M M L R N M P F Q A B G Y
H O D I B Z B A N Y M R R V I R O X W K
B J C F Z L G L E E S O T A B Z R I P A
P E H O A K B X W M F L E L J A I P F B
R J J N F X S Z E O F P Z U T P W Q E S
Z R J R Q G E I U K M J D U G P E A O Z
F G J Q I I C N V B U M M Q N K P V R L
A K H A Y C D A H Z I C Y H U O M Z V D
```

WORD LIST

PROFOUND	RECIPIENT	UPLIFT	BEST
GLORY	BRAVO	PRAISEWORTHY	
TRIBUTE TO	AWARD	DISTINGUISH	

PRAISE

```
W C K O W H H S M W N N R F Y K D F Z G
E H F R E E L Y G N X K Y T Q H O B G A
E C H V B A P R O C E S S I O N Q N B J
P M P W A Y W A P D B J O V H K O U B Z
Y O Y S E A D O R A T I O N W I Q Q J Z
F P V X O L O Y D W G H E A T L B G I T
G K K N N W U D M O Y C O I Y O P R I C
G H H M S L Q X L Y P R N C E B P E B G
Z M Y F Y E P P D H C G W K Y P N A V E
H M A L A L R D X S O H L C W Q T Y D
Q W C A T O E K D C T L Y Y Y O C N C L
Z O Z I C U E R E I Z H U R N N L E H O
J V I L O J O R N J X L W X S U H S S H
A I A U G J Z X Y N Y D J G I T M S W P
S I F Q I N U W Q F M F T S S L Q O I U
M W U U K O C R X Y B P D X T S B M I X
D Y U N A X Z N U W Y C I I E V R C H P
U M O V C T B K D Z Q R S Z N L M V E X
C L O N G I N G U Z A X E R C R L O U H
C D T E P Z K T S J W E N Y Z G Y Y
```

WORD LIST

ADORATION	LONGING	CONSISTENCY	GREATNESS
RECOGNITION	VOW	UPHOLD	
FREELY	PROCLAIM	PROCESSION	

BLESSING

```
F N S F V F Q W Y S P Z R Q Q G O Z Q W
U B X E Q F O I U D J E E Z U O I R Q G
L L C E I C S R C S E N L I G H T E N H
E I Z G D H Z N G L A C C U M U L A T E
N F Y B V N S B L I G A M M P O U H Y E
C E E D I O Z S G H V A Y A A C S P Y L
X A X Q J I U T V N M I R A C U L O U S
W F X V S T R F D P K O N I Y R O N R O
N F E T A N U T R O F X W G X T Z O B Z
Y I F B J G G Q K L A G K B S B P S L J
H R S R D E U W G A Z M Y P N H L P M
B M W E K T Q V H W P P D Y X H H U R H
J I F Z O E L C L V I R T U O U S V E V
O N T M P R G G S N F S W D I V K D C O
H G B F O N F D W M V L H B M E R S I W
B R U P M A J Y Y V U A W F N J I W O Q
C P A J B L H Q L V K I Z J O U O Z U J
S A R Q C Z W R R V T W A R M R L N S F
P X C E A S T C S W W N G X E W Y G C J
T D A U T Q Q Y I M P P W T R J Z X M V
```

WORD LIST

FORTUNATE	WISH FOR	VIRTUOUS	ETERNAL
PRECIOUS	MIRACULOUS	FORGIVING	
ENLIGHTEN	LIFE AFFIRMING	ACCUMULATE	

GROWTH

```
R D Q C T Q A Z L T M Y D S W J K J I V
V C D Y G S U B G U J K W R Y R H H I A
D T J K I J I U Q J C E D R A T D A C E
H J W P U C M M S P W J F L E W T V V X
G W K S S Z I A P C L A R I F Y R R P P
S O E T F M N J E R W N X Y C Z O O T E
P O Y D X N D J O F O C U Q J U Q M F R
R P G A G D S M Y U W V C P D Q D U A I
I B H W K P E C L Z R G E G H X H T U E
N X O V F K T Z G Y V N T M E Z Q N S N
G M D Y O B M S B U X D E L E U A E P C
U H J Z R J V E X A Q C L Y S N A M J E
P O D X S R H C G A S L N Q I X T O I E
C Z V O G D H O U I J O V G T N P M Q E
B V K G B J Q E X T S C Q Q T C G R G S
I M P Q O I K T P S W B L A C W D S K F
A F Z Y A E X A E X E Z G I B N W V I
V X V Q J D V L Y I G B J M Y J F Z L
Q C H E R G U B C C G F P N G B O V G N
K N A N Y L P Z K Z W H C H V I F Y Q E
```

WORD LIST

IMPROVEMENT	JOURNEYING	CLIMB	CLARIFY
LESSON	FORWARD	MOMENTUM	
MINDSET	SPRING UP	EXPERIENCE	

Reflecting on . . . *Abundance*

Let your eyes travel over the letters below. Write down the first three words that you see. (Hint: there are fifteen words total.)

1. _____

2. _____

3. _____

```
Z X R E S O U R C E F U L K F Q X Z M J
Y P R B M D S M Q M L R J O N Q A S I Q
O E R D Q V F W D B S H K Z X G B L G J
E V Z O P B U X V L T E K R W I I O H F
H E D P S L M E E E I G T C J K D Y T N
Y R C R R P E R I S F Z A A F C I Z Y P
M L W W G M E N B S P Z J J S V N W F Q
H A R K F P M R T U T S J J F R G S V X
X S S Y K A E E I Y L J H I P Y A K G A
G T D A M H Y B G T H D W K F Q Q E M V
G I F T E D I L Y Y Y O G J F Z O Y D S
Z N P Z Q B G N U N R E S T R A I N E D
V G E W I R Z H Z C V U M W J T V H D A
D D Y P G I Q D T Q C Z J N K I N B U C
I O Z H U N F E A S T Y G M O A X P Z L
V M D O K G T S D F R S P T N H E V S U
I W F M A B O U N D F X X I D L X U H X
N M O H O O X T Q N L A V I S H H X U
E E X X Z S R V N S U K I H I Y M B J R
C W L U U M Y U L F P X X P M A S Q I Y
```

Now let your three words inspire your thoughts about the abundance in your life. What do you feel you have in plenty? How might you share that abundance with others?

_____

_____

_____

_____

_____

_____

_____

_____

_____

_____

_____

_____

_____

_____

_____

_____

_____

_____

_____

_____

_____

_____

_____

_____

_____

_____

_____

PURPOSE

```
J Y S Q N D Q O X T J I G R U V Y U A L
Z E P U R S U I T Y D V D M P P E J C O
V G S X B V H L D C D G R B O D U K F Z
I E T S T D Q A E Z N I L W T Y F Q I Y
W A Z H E X W Y O I E L T S E Q E B B U
O A N J I N T F L R J K H C M B Q H S
R K K V D J T L V O V M Y R T Z J A T S
T B G R N M A I N P P I V A I L S E E U
H K P M U C H L A O M F U N A B Z E P J
W Z H Z X Q U P H L R N R L R I Y Y N
H J F U P S Y K T I F P F I H C U W X B
I O S I U B L L N K G E N A E I F F I O
L F P Y T Q R K D O Y T A M A S D M E J
E A T T B X P X E L W L Y K H B T H V
S U L T I M A T E B O N C V M I K J Z R
O A J Z P R E W S F D B M N S W P N R J
A Q D K M N V Z Q P H Q C X V P J X Z E
I U M Z E Z L X P A S S I O N A T E Z G
Q M X M D S P S P I R I T U A L I T Y O
N F Q M E A V F E Z X B G I W X K S S X
```

WORD LIST

ESSENTIAL	CALLING	KNOWN	PASSIONATE
BOLDLY	WORTHWHILE	PURSUIT	
ULTIMATE	SPIRITUALITY	POTENTIAL	

ATTENTION

```
T H E B X L Q Q O M S J B Q H D P B B U
H C J G Y O S X K G K D A G K Z G P N W
N Z A M T D K O O X X T U G Z T N E O M
Z P Q E F U L Y K U S O T U I S Z J Y K
V B C S K I L L C H R X W C H N H C J K
I I C W W L F T A O F N Z H W H W T O N
E B U G F N K S H I M Z S J A K C E J Y
M H X T Q Z U T Y E W H Z C Y D C A F Q
P A L R I S N O B S E R V E P N U I G D
H V L J A O D J N J T F X U A Q A N E S
A H R O G V E Z Z E H Q P T S R I T F M
S B W A E T R Y R P D U R U M R R O P
I H I O E X S E S I W O P N I A V K S Z
Z P R E C Z T M F F P E J P E Y Z T K V K
E E F L R Z A I H M P X S H H S Z F M I
C W R I F A N U I U T A E D C R N A R R
Y S R J Z N B D S G Y O L Z F R E M V G A
V N G E H L O S T B O Q K W A F M Y H P
D O Z F V U G P F H O Y S D K Q X V H U
M Z R N T H A W W A W A W A K E N H A O U C
```

WORD LIST

EMPHASIZE	IMPORTANCE	SKILL	WHOLEHEARTED
AWAKEN	ASPIRING	THOROUGH	
UNDERSTAND	OBSERVE	WISE	

THANKFULNESS

```
P X D X D T R U T H F U L N E S S O E T
J U H R C L E A J O Y T B T U O B G Q V
E Z T Q Q H E U F S N S W A M O C U G
A R O U G E N E R O U S G H W P K O N F
O E V D L F G R D R W O R T H Y G R M L
U K B C L D L G T O Z P A C X Z M O U N
Y D X S N L N Q C G R E A T D L W I W B
R N M F N I B E N I S S U N B E L E S H
Q F G X Z R M C D K U Y R Q H O M H D E
I U X L F X J M P Q O D C V K T G T M A
D U N O T A B L E H N S E B F Q N S K R
Z R W F T I Y Q R M C U G K E W X D E T
S J I F Y K Z V O B S E O A B Y T W K W
S S W R M Z A W V J F T H U E Z O W O A
K G F O N G I F T S P C D H T R Z N Z R
N C Y R Z V O Y M I H F C X Z J E B D M
A Q I M F D L G J W F O Z K S K K U X I
H N O H C W C T D V H E Q O F E G I L N
T G X J Y R A N I D R O A R T X E I Q G
B J R Q K K A G A K Y Q R N C F J L S U
```

WORD LIST

HEARTWARMING	NOTABLE	TRUTHFULNESS	BEYOND
GENEROUS	WORTHY	GREAT	
THANKS	EXTRAORDINARY	GIFTS	

CONTENTMENT

```
X L B I R Y V M F D V C A X C W Y R Y K
A E L D F P C K T S P C Z P C W C T M F
F X U N S X L B O M K J C G P E L S M I
B T G Z D Z B H Q G J S R U X T T Q U W
F R Y C S S X D B F X S N D C A J T O K
T Z G S X S E Z R F A D B R H J K E P C
H U O B H E F M S E P A K C Z C R F L Q
Y I O G M C I M Q X L Z J G G U N S E L
X O D O W C Y H F E C I D K T W C Y A O
G R N E I U B F U I N M A A A F T M S D
H L E T C S T S C J E F N B O V V O I W
M V S N D G Y O M H Z O A A L I O M N K
X U S E L D R F Z T L L Y S F E O Q G A
H S U M B A L A N C I N G R C P U N F V
Z O F Y N N L O C B G G L V U Q T J W E
Q U J O Q A D P D E D Q W R S X G G R Y
O L W J Q E K Z D I F K O P P B U G H G
J F A N I A E E L Y F U W H A Z G I D Z
R U J E O Z J M W O L R L H N F C G U S
O L I K Q S S E N T S A F D A E T S Y V
```

WORD LIST

SUCCESS	BALANCING	ENJOYMENT	GRACEFUL
PLEASING	RELIABLE	SOULFUL	
NATURE	STEADFASTNESS	GOODNESS	

Reflecting on . . . *Play*

Let your eyes travel over the letters below. Write down the first three words that you see. (Hint: there are fifteen words total.)

1. _____
2. _____
3. _____

```
V S I G P S L S I V D R Q U O X M H B S
W N Z M V O E X P L O R E B V T U I E I
O V M E S S S A X K J Z Q P A I N T S H
K O S U X G E R K J D I J Q Y Q S R T H
I M A G I N A T I O N S P M L N U C S I
J S F L B I R I I P Z T V W M P F E U
U L Q J L M N S I P F Z E S T Z L V L J
B T D F O A E T B Z X S D L L Y W G F P
B P B M H X S I R W U J F I F G B T E Z
C D I F O C T C U P U I T G X V C O X T
U I B I N R N P M R P E C H X W E I P B
R O B S A E E W I T R Y O T U S N K R V
I Z L M Z A S F F M J V U H P B O J E G
O Z G H J T S V R U X H R E Z G M U S D
U A A E Z I Q L P V X I A A H R G A S A
S T I C X V Q Y J S B Y G R Z X A D I N
Q X U H S I U G Y H S O E T D G P W O C
L U N K H T Y I B Q Z T O E K O V O N E
O O X Q A Y D H Z I O C U D G O V X A C
G T G X Z D F I R G S K S T Q U Y R R E
```

Now let your three words inspire your thoughts about play. How are you playful? What can you do to have more fun? How is playfulness important in your life?

_____
_____
_____
_____
_____
_____
_____
_____
_____
_____
_____
_____
_____
_____
_____
_____
_____
_____
_____
_____
_____
_____
_____
_____
_____
_____
_____

BEING PRESENT

Being present means bringing your focus to the moment you are in, allowing yourself to enjoy and engage with the world around you right now, and letting the noise of everyday life fall away.

Give yourself some time to center your thoughts. Let your body relax. Take a few deep breaths, drawing the air in through your nose, holding it for four seconds, then releasing it through your mouth. Now answer the following questions:

What items around you do you notice? How are they important to you?

_____
_____
_____
_____
_____
_____
_____
_____
_____
_____
_____
_____
_____
_____
_____
_____
_____
_____

What do you notice about your body in this moment?

_____

_____

_____

_____

_____

_____

_____

_____

_____

_____

What reminders could you create to be more present in your life?

_____

_____

_____

_____

_____

_____

_____

_____

_____

_____

_____

SEARCHING FOR . . .

kindness

SHOWING KINDNESS

Offering kindness to others doesn't have to take much effort. In fact, sometimes the small gestures can have a big impact. Think of the many ways you can show kindness, whether that's to yourself or others.

Think of someone you'd like to connect with. Send them a quick text, email, or message to let them know you're thinking of them.

How did making this connection feel?

_____

_____

_____

_____

_____

_____

_____

_____

_____

_____

_____

_____

_____

_____

_____

_____

_____

Who else might you reach out to?

_____
_____
_____
_____
_____
_____
_____
_____
_____
_____

How might you show kindness to yourself today?

_____
_____
_____
_____
_____
_____
_____
_____
_____
_____
_____
_____

Reflecting on . . . *Fun*

Let your eyes travel over the letters below. Write down the first three words that you see. (Hint: there are fifteen words total.)

1. _____

2. _____

3. _____

```
N E N T H U S I A S M B T V A S C T E E
S B P P G T H G Y Y N U L I U M T U A P
V N Z L O P Z F H O N D K P Y E K V S M
T U Q Z O K O Z S W Y D D R I I L E Y K
C F O B D S F F M H Z Y W G I D G U J G
M C M O C R F I Z Y J A M K Z C E H H H
P F D O H M B L X N M I U Q B V G O X A
H P G P E G S W A O V J Y W V X E T U P
S L B O E V C N O T D Y V H H T S U C P
Y M O O R U M L H R C T G C D P I M J I
G M F O J K E E Z Z T L U C W H Z E S E
C V O A K O R H I N Z H G R H R Q S D S
F T O R V K A Q O D U K I V X U X N E T
L F Y L E O T N Y O H I G T I P C Y S N
O H S N V T R N Y R M S T N I Q W K E D
U N E B X W B I Y D I L Y L V E B W L S
R Q A C J O K B T S U Y I Y P U K B L E
I T E K E X I W U E U F A B U L O U S Y
S U L Q P M E J P G Y J T M V C I R V M
H B I B E A M B U M E D I C I N E U L H
```

Now let your three words inspire you as you think about what you enjoy in your life. What do you do for fun? What ways can you have fun each day?

_____

_____

_____

_____

_____

_____

_____

_____

_____

_____

_____

_____

_____

_____

_____

_____

_____

_____

_____

_____

_____

_____

_____

_____

_____

_____

_____

_____

GENEROSITY

```
B C W Q M P Y C V K B C U Y K K N S O T
N N V K W I Y I W V Z U H S A H N D X C
R S S L E T K Y B C U H L F W D S S X W
Z B O D E T I N P B W I P U K J C Z H J
I H T K E O D M O Y Z O H N G G Z E U K
A K P U Z J S R E W N I N J E I F D U K
X P M M J F T A L H L K S F Y T P P I J
T B E A T N O R J Y O E W Q B D X V F J
F R M L P K S Y J G V G D A V T X E W H
H T O K S C J F Q M K C L G P C C U X X
J M R I Z N F I S I N J N E E T J N A Z
J N A Y I V B T N L R Q C G S A D E G B
B G B E D S P O E C L C L F Z E A X R O
H O L L F P I R E H A I C V N D I P K U
W O E L I T O I I Z R G K Z C C S E R N
E D B G A M A Q Z D D F P S K F E C N T
G S D N V N P E Q S P T M R A M Q T A I
Z F O B N T B A H G G K Q Y H T D E O F
W D K C V E H P C E V F U Z U V Z D K U
I A C M R S U S K T Y S W I Z X J H D L
```

WORD LIST

MEMORABLE	KNOWLEDGE	DONATION	ACCEPT
TIME	UNEXPECTED	BOUNTIFUL	
GOOD	SKILLS	IMPACT	

COMMUNITY

```
Z M W E N G A G E I R T B H Z E X B B S
R R F B J G D Z U E E Q L B F J M L O E
E Y V U A D C L E H S B A K R J O C S P
S D Z J T F O Z Y E O E H N I E I O K P
P G F S Y K L Q N R U D M K H E I N E H
O L Y D F C L O T W R Q X T T O W F E S
N M H L P J A E Y K C X O Y J I W Q F X
S O M H W S B P S Q E A Q A I G A F T V
I P E M R U O R H W F K W G C Y E T G N
B M M E C X R O T A U P N A J M D M H Z
I X E R U A A N N O L B V I D F X I P B
L P W N I X T O E V N Y H Y T Z H L G N
I Q S Z C L I R I M E W I P S W U J S B
T I E B N D O G G Y S V C L X B R I B
Y P E C I H N O H P S F J G O D D E Z O
R Z D U R K V S B Y W E N Z V H J M D I
E T V W Q G A Z O E P O M G U X G E I R
S T O O R R W A R K M R W P W V P D D N
P W M Q P Z R B L A A Q G S W H V H M Q
J T C O A E P B Y Y M G U Y Q Y B X O O
```

WORD LIST

KNIT	NEIGHBORLY	ENGAGE	ROOTS
AMONG	PEERS	RESPONSIBILITY	
RESOURCEFULNESS	COLLABORATION	SOCIETY	

LOVE

```
C B Y B J B V T K X K G Q C M D A B P T
C Q W C C M C Z Z A W A E Q C I A P G G
H F H J J A I D P D T R W A R M T H E A
U M X X F P V P F D O D T J N K A F N K
D T T G B O G H Z M G A R D G W H H D U
L M N Q P K N V Q K O S E D Q K O Y E Z
E Y O F U L P D I E P Q A N Y G B T A Q
A P I T V J I E N R W C S L Z G H I R D
P Q T J C I S G B E H O U J Y F H G M T
P J A E U W Z I T T S W R L D G O F E F
R L R T E C L E E Y N S E R J C K Q N Y
E P I T A R G N V J I A T W K E P X T E
C Q M P M Z O N M I W B K D B N I L T I
I S D Y U Q X D B O T S V U I D I W Z W
A K A D Q E Y J A E E N J C Q V C Z Q B
T L E A B I P B Q M J F E H A W G Q X A
E S I P Q L G N B J X U G T T C T G S S
Z O J K E K G U P G O X B R T M U V A X
D Q J F E B H Z X X K G J S A Z J T L
T H U H N I I Z W G X G S D Z B J F A P
```

WORD LIST

ATTENTIVE	ENDEARMENT	LIKE	ADORE
NICE	WARMTH	APPRECIATE	
ADMIRATION	FONDNESS	TREASURE	

SUPPORT

```
B H P P N V P Y M C I L I Y M P M L E P
A J L Z O X H L R P Q O Z Y G U D A X S
U F J W N K I Y S R H P Z X F N Y R Y X
R S F W B U B T E J A J T O E T J B A S
C S V W R D G E N S P C R O B B L S U N
Z D T C N O U Q O A O M X E O D N O C
H D X A M S X S Z D X D M I D O D X H
I K T F I A C Y C V J Q X V S B N X F A
E S S O D J Y I V W G E N M E E I Q M
E K I S V A P E Q G C P O M P T P F H P
L F T J Q Z A Z Q Z X S F E N A Q B S I
R L W A K G T M X Z F C D A T Y A W W O
L S I E Q O E C K G E F D O W U H R Y N
M D T N U Q F E W S I A I O A O Z D E
O B H I B E O X N N F E V P W H L R K
Z M J D F N A W Q N O D S J N U D M Q S
I P O P M C T W O R L Y H W S G U R M Q
E C S A D V O C A T E N O F S H P F Q P
R E D L U O H S U O Q N T A J P H Y T O
F J V O A P J W E L O N R J H X E R R H
```

WORD LIST
_____

SHOULDER	HOLD UP	CARRY	STANDBY
DEPEND ON	ADVOCATE	SIT WITH	
CONFIDANTE	CHAMPION	KUDOS	

Reflecting on . . . *Respect*

Let your eyes travel over the letters below. Write down the first three words that you see. (Hint: there are fifteen words total.)

1. _____

2. _____

3. _____

```
U Q E N J Q F F B Y V F B W T Q J R U A
V M L G Y E C U H C D C W B M Z R R H R
Y Z R E F L E C T I O N Y V N G L Z U R
B L V U E U V X I C D H L J L W W A L C
C F P Z I J L X Z F N C I M F Y G C U H
D O X P T H U I F J W D N N D X L G N U
M O H B Y T S S V Y N O D R B B B K P C V
X T W M M F Z M O E E K E E B A V O O W
C E L E B R A T E D S W P X N T B F N U
A Q F N Z M S R U I W L E C V R R N D F
Y U U N W A V E R I N G N H K L F S I W
O A N O S Y I I O G H E D A R K W T T G
E L J Q Q Z T S G M S N E N X C Z A I Z
K S L Z O K H X C B T D N G P H E N O U
R E G A R D G G Y O J U C E R Y H D N Q
Z V X P J W H A B X I R E A X Q S U A V
G V U L N E R A B I L I T Y X I I P L V
I X Y D F U H O F V D N F V K J U Y F Y
P T J X Y I U D E E P G T R Y X L S V E
C O U N T O N T V A C C L O S E R N E C
```

Now let your three words inspire your thoughts about what respect means to you. Who do you respect? Why? How do you show respect?

_____

_____

_____

_____

_____

_____

_____

_____

_____

_____

_____

_____

_____

_____

_____

_____

_____

_____

_____

_____

_____

_____

_____

_____

_____

_____

_____

_____

_____

_____

_____

COMPASSION

```
W X S U T I N E P O U T N K C A R X A C
T E Z J Z M Z T P K O P I O O E U K L O
I B V L N M Q D G Q H E V P Y W O I S N
N K U O B Y P C O M M O N X H O M N P C
J D L O G T D D F I I A G D P G P D S E
F U W K U Y X D V G E E L X C V F H S R
J W Q M M S O J O I Z F P J O Y C E P N
B L B Y E X K O L Q Q B Y L U S L A R E
Y E Y H Q M D R L R H U Y H P X R V A L
L H D E K W I V H E N X P M R F J T P N
L V X H I G H P C F C L D Z L V B E F C
I O S L Y G O K H O J P D D P N D D E D
K P L F Y L J G F G X J J T E A B K E P
E L M B F N Y S M A X Y W M P C E L U
N S M O X X W L N X P L Y E C V M I F H
E H J C V O V Z I M A J O F H P Q J O I
S O V J T I M C E Z J T M L A N H P R K
S F K A L G N U O V V R I T F C E E S V
M S M T H Y M G C X U X H J D G A I X A
N C Z D W E X Z T J C Y P W K D R V R B
```

WORD LIST

KINDHEARTED	EMPATHY	LIKENESS	FEEL FOR
MOVING	HEAR	CONCERN	
LOOK	COMMON	GOODWILL	

CONNECTION

```
R  P  R  G  A  U  I  C  T  P  T  F  U  J  M  V  Y  N  V  F
K  C  B  H  R  O  G  Y  M  K  O  W  R  F  F  U  V  D  B  S
I  D  D  B  B  T  Q  W  F  S  S  X  I  M  L  L  D  U  O  K
Z  T  T  N  F  G  G  X  N  S  F  A  A  K  J  O  D  M  M  T
O  H  A  O  T  T  Z  O  E  S  M  T  G  O  W  T  B  N  Y  R
X  G  W  L  E  L  C  R  B  Z  O  T  G  G  A  B  L  T  X  U
A  E  Z  L  B  K  S  K  Q  Y  N  W  Y  I  O  I  F  B  S
Z  S  K  B  K  X  J  O  I  N  J  H  B  Q  Y  L  T  C  Z  T
X  S  W  S  E  V  K  N  I  L  J  Y  J  U  I  M  S  W  I  I
P  B  P  A  R  T  N  E  R  U  G  W  D  B  N  V  P  M  C  N
Y  N  X  U  R  P  T  M  S  N  U  O  A  M  L  X  D  V  B  G
I  A  P  N  E  T  W  O  R  K  W  I  G  K  B  E  M  Q  S  X
F  H  L  H  V  D  I  N  U  L  L  I  A  N  W  I  X  Z  M  P
I  I  W  D  P  S  H  L  J  E  F  M  T  V  D  S  X  O  R  U
M  F  L  C  A  K  P  K  R  Q  J  A  X  H  H  I  B  V  O  E
I  P  K  X  W  L  P  S  L  O  L  Q  Q  Y  T  E  A  M  A  B
V  S  Q  R  H  A  R  M  O  N  I  O  U  S  K  N  K  K  A  N
I  G  E  S  F  J  U  Q  M  D  Q  X  O  C  V  S  A  J  J  W
Z  Q  B  J  O  D  A  Q  Q  J  M  U  U  O  W  Y  R  V  U  O
T  L  M  C  Z  L  U  I  A  S  M  C  I  A  R  X  X  R  W  Z
```

WORD LIST

RELIABILITY	TRUSTING	NETWORK	HARMONIOUS
EXPRESS	WITH	TEAM	
PARTNER	JOIN	LINK	

SELF-CARE

```
T  S  P  X  V  V  Y  N  C  N  P  K  V  S  H  R  X  I  B  U
F  O  P  L  R  B  Z  H  U  Q  R  E  I  C  M  Z  F  M  D  J
D  Y  V  H  V  C  H  N  C  F  A  C  T  L  P  G  N  U  E  P
L  X  C  M  T  E  N  E  N  X  C  O  A  R  H  Y  P  B  F  K
A  X  J  L  G  H  M  I  R  H  T  U  L  I  Z  G  I  G  R  N
H  E  Q  A  O  F  Q  Q  G  A  I  D  L  O  Y  X  P  U  F  E
D  Q  R  N  X  S  P  F  C  T  C  Y  Y  C  V  K  W  S  E  M
S  G  U  R  R  M  N  Y  S  I  E  Z  W  H  A  O  L  O  Q  M
W  C  J  U  M  E  L  O  V  E  D  B  F  B  V  B  D  O  K  D
D  H  T  O  V  M  J  O  X  E  R  N  X  K  R  L  M  K  V  M
W  Z  H  J  Q  Y  K  U  C  I  K  Z  I  Q  E  H  Z  X  K  S
V  A  F  P  O  Z  C  N  V  X  R  G  Y  R  F  H  I  V  J  H
E  Y  I  T  A  V  E  D  T  E  N  D  K  U  I  W  C  A  A  O
G  N  N  D  G  U  A  X  I  N  T  G  J  L  Q  A  C  B  Q
M  L  H  Z  L  E  E  Q  P  F  M  A  T  J  L  T  N  G  H  Q
D  T  F  U  E  R  N  E  U  V  X  D  T  A  M  Q  B  A  V  W
Q  Z  D  K  T  N  E  D  X  H  T  Q  C  I  R  D  W  U  O  T
H  N  P  M  B  K  B  B  V  J  Q  N  X  T  N  Z  B  H  G  I
I  M  A  A  L  H  S  S  J  U  A  L  X  M  Z  G  N  O  P  V
F  X  H  K  O  D  S  L  J  P  Q  K  H  E  G  V  O  R  O  C
```

WORD LIST

VITAL	LOVED	NAP	REFILL
PRACTICE	KEEPING	JOURNAL	
INDULGENCE	REJUVENATING	TREAT	

HOSPITALITY

```
T R Z A K Y B J J W D B E G O V M N H M
X M J K G O C T U E Y X F M A S R C T W
I D T A M C A Y D L S S V K Z G H P S N
T R N L L F Q M Y C C D K V C W Q N V X
L J H P F F S C T O N N J R C V S K G D
B F W Z I W S P I M S D Q C X C D Y R T
W T Z S T B F U N I K K C P O T L U C K
G S R A T C L P C N T J S Q L B G A N A
P S O I I X W U L G M C D M T N Q X R Y
E Z N J G B S U Z V X C R O M E W N M
C Q M K G W L D T O P D I S Z U A H Z
V J E Y Q F W U I A T C T Z K O P E X A
D H K G A I M X N M A M T Y M X G O Q
E Q H L N U A S G X G R F L O G B L J M
V G V N N R P P A E A C D C B E A Y S O
P E R Z B U T X R H P H E N O M E N A L
L M I G R N B G C B F L M V D K T D Y L
Z A K L B A N Q J C L A J M E Y W V A J
S K E C G O F I M D V T N I E S F O T C
U D J O C K B C H E E R F U L L Y C S I
```

WORD LIST

WELCOMING	INCLUDING	STAY	POTLUCK
PHENOMENAL	CHEERFULLY	COMPANY	
FITTING	CHARM	CONGREGATION	

Reflecting on ... *Understanding*

Let your eyes travel over the letters below. Write down the first three words that you see. (Hint: there are fifteen words total.)

1. _____

2. _____

3. _____

```
F S X K B L L O U T T Y G M S Y M B O L
R K T R L H F Q M N O B Y V G U F B U I
V L S I H C W L I I G W M Q G I S E I Y
L G Q R C M I R R G E W A Z Y Y V D M R
E T Q H G K W W R Y T Z X R U Y Q R R Q
B E I L A K B J O O H F R G D P X O H T
L E F D I H X Y R W E V I F B X M C Z C
O J O E F M Q G S I R G L L K S S K W E
E U U F A I Z W B R N J V L U P X Z O L
D M M E M M N W S P E X P I T V S K A E
S M C N I E D F T A S D U O X V W V T B
H H Z D L G Q A M T S S S N T W I C A X
O U N E I U G A T I E S E M F O D V D E
W N D R A P F M Q M V W F U L L Y V V F
E W J A R P D Z E R F M O F J B E M I C
I N S T A N T A N E O U S M J H M C C K
I E S G X I V S W H C P U N E L E L E I
H N E G C O M M U N I O N V Q J R I V D
C L L Z I M P T J Z F L G V J G C V B Q
Z B M I W V C K I A O V M Q O T Y J V B
```

Now let your three words inspire your thoughts as you consider the term *understanding*. How do you find understanding with others? What do you want to understand more?

_____

_____

_____

_____

_____

_____

_____

_____

_____

_____

_____

_____

_____

_____

_____

_____

_____

_____

_____

_____

_____

_____

_____

_____

_____

_____

_____

HUMANITY

```
G V J Z K D I N C O R C G J X V X O I B
S O Z F Y D X I A W Q P G Q P Z A L K W
V J U K V F N J U S P B C P H E U D C N
H T Q E G G P K W N E K T M O Q N G C G
E Q C E C C W D K F R D P A V R I F A Q
R D Y I D K I P T E L K C N L F V Q N I
I R D J G V F K Z K A I T Z D Z E R F Z
T I L X X H G J U L P D G N L I R H M Z
A G I A N R U M V F E Y L D U U S L W E
G H W F T R V I Z E E Q Z X H B A X S B
E T O M E K Y O S I E Z C W X F L D R B
E J A H U K T G Q Z N C Q P Q L B Z E C
J K T I I C I T I Z E N S H I P Q J L N
V A V D Z I L K X J P Q I Y J I E W P P
G Z C Q I C A L K Y V G E I O K L K O V
J I N Q E X U F H K F V H E U A T S E P
K A W O U E Q P B J F J F Z B X K Y P K
A Q C N Y Y E G G D Q T D O W E G A F K
K D E R D N I K C S T L L Z N A D Q H U
B G Q S W O R L D L Y G U G U G M S H N
```

WORD LIST

GLOBAL	KINDRED	CITIZENSHIP	HERITAGE
WORLDLY	RIGHT	PEOPLE	
EQUALITY	UNIVERSAL	GATHER	

CHARITY

```
H P E V R G F J X P Z J B B Q Z S J U P
Y Y L B V O Y P U Y O X V E D G B G C D
T Q G U I P O B Z D X T V Q W I A R Y
T D H Z W K V Q T G G U U S X H G S W M
T R F Z X X R Y J Q B F Z F Q U H S Z E
G B R O L I W B L H D V T I N P E I H L
N D A F I F X O L O R W G S G K A S E M
I A I L M C Y L R V H A J I U H R T R G
G Y S T Q L T C J K A U D T N M T A W P
N N E H S I L O V A I K J L L H E N B K
I Y L G O I L V F T N Z U T Q E D C W G
R L A Q Q N I C T F V S T E U Q G E W I
B U Q Y L M O W T O E O U T R E A C H V
O U N E V E L R Q A R R S T J X P S B E
F S Y G A K N Q A I K O I F W R O E F L
V F D T V Z V T F B Z E S N X W Q K O L
H Z Q Q H Y W I P C L S P E G E E W S G
L X D X L M D B L B N E Z A Q X F N Q N
C U U S I Y R S G M D Z H Z R N A Z D L
R I D F D A V D H E O D T N N T I I O B
```

WORD LIST

BRINGING	OFFERING	RAISE	TAKE PART
GIVE	OUTREACH	ASSISTANCE	
HONORABLE	WORK	BIGHEARTED	

SYMPATHY

```
R E A C H O U T D J Z P O Y X M D O H C
N Z V T Z C B Y W U L H L Q C Q T Y D O
Y Q R C A V U X W R G G Y K E J T C U N
P O W E R F U L X X L T S M T T A E E S
D V Q B L D W X Y N T T S D D Q T X V I
W O A L V K I T Z Y B R E E K O W S E D
F A R V I H R O S J U N N M C K H N X E
K Y L F T W I T N E S S R X Q U U S U R
T L H X T B B E T H E R E G W W O J L A
O B C Z L A G U K D L B D I N T A N Y T
S N B V D Y G S E B J L N N H E N L A I
I E V N E L W W Z Q E U E T Q Q E G G O
C A F S C Z H F B Z H I T U K K T M W N
K O P U A G E W L B U E R N S C S Q X Q
C S C T N E L Y G V S K Z E G M I U C O
R A F C L U E N Y T B X Q W C B L Q M Z
W G Z G P E I A G O T Z U I F H Q T S L
K W W D M R N D Z X B Z Z T F Q M I I C
Q E H T A E S Q W C G A G H C F N S A O
I T U C Z E E B Z O C E T O G D A A F C
```

WORD LIST

CONSIDERATION	CARING	IN TUNE WITH	TENDERNESS
POWERFUL	FEEL	BE THERE	
LISTEN	WITNESS	REACH OUT	

SERVICE

```
I  L  M  O  V  P  P  Q  V  U  V  U  N  U  Y  Y  G  Y  L  Z
H  T  P  W  A  B  O  O  Z  O  Q  A  H  Q  M  C  X  I  G  Y
S  Q  X  A  Y  C  L  J  F  Z  P  G  V  X  V  F  G  E  U  V
G  G  N  V  Z  J  T  H  U  Q  M  W  J  O  M  K  Q  C  H  L
N  T  M  G  W  L  F  I  C  C  P  G  D  I  W  P  G  P  G  I
I  H  D  B  P  R  R  K  V  P  L  Y  E  D  H  F  I  D  F  S
D  F  S  J  G  I  H  V  K  I  E  Q  V  W  N  X  L  E  R  S
N  A  G  M  C  S  B  E  J  S  S  B  O  P  A  I  D  G  Y  K
A  J  V  D  I  E  F  U  L  T  B  M  T  S  I  O  M  O  L  O
T  V  Z  C  U  L  S  T  O  P  U  J  I  G  B  W  W  W  G  O
S  X  O  A  O  F  D  T  D  M  F  F  O  Q  C  V  M  F  N  X
T  V  W  M  H  L  Z  E  A  R  P  U  N  J  T  O  F  A  I  D
U  U  R  A  L  E  H  T  D  G  A  U  L  Z  C  Z  D  Q  V  Z
O  D  F  H  W  S  X  V  R  I  N  R  I  N  E  O  H  F  O  E
J  M  W  O  O  S  N  A  N  I  C  V  Z  W  E  Y  Z  C  L  T
G  X  X  T  R  N  T  O  F  G  K  A  Q  F  B  S  G  F  V  N
H  J  D  Z  K  E  Y  Y  C  Z  G  C  T  S  N  H  S  G  X  Y
T  J  C  S  B  S  B  X  G  U  L  U  N  I  N  M  T  H  Q  I
B  T  H  C  R  S  P  K  M  R  O  Y  R  Z  O  U  U  R  P  V
O  N  Q  L  B  P  Q  H  E  P  Y  M  O  A  V  N  C  L  G  Y
```

WORD LIST

SELFLESSNESS	HELPFULNESS	ACTIVISM	UNIFY
LOVINGLY	AID	DEVOTION	
OUTSTANDING	DEDICATION	WORK	

Reflecting on . . . *Spontaneity*

Let your eyes travel over the letters below. Write down the first three words that you see. (Hint: there are fifteen words total.)

1. _____
2. _____
3. _____

```
K C L A B Z Z M C G E M E U A H G X H V
E F A O W G M J H B Y X D E B F W A O P
N C E R Y X Z X F D M U G X X B R W N U
S D N L P B C K G Z Z G B P L S H Y B L
Z U E I O E B M W H Q P M E U X W B O Q
F U R Q R A D M Z W N X K R C E E J A N
D D G P S P A I C D Z Q R I K H E H R I
F S Y Y R T C P E A Y Y Q M Y X M B D A
V K O P A I A K V M R R J E R S E R G Q
F O H M T U S R K X Z G E N U A X R V N
Y U E R O C H E T J X W W T I W S Q C R
F H A Z D I G M J P B O Y N C I M D I A
H X D Y A A G V T K H K J A G L A L U N
A P B F Y Z N X R Y X N M B H D T E N D
V B O S P E Q U R G E S N O Q O K A O O
C O I N C I D E N C E M T V M B V T W M
I E B H O Q Y R O J M J Y A Y E M A C A
V Y J D J F A Q U P V J W X Q Q N U Y C
F S U D D E N L Y A O B S V R M L T L T
V K C U Y W W G U K P S P G O L P R N S
```

Now let your three words inspire your thoughts as you reflect on unplanned moments in your life. Write about a time when you were spontaneous. What could you do today to be spontaneous—even if it's something small?

_____

_____

_____

_____

_____

_____

_____

_____

_____

_____

_____

_____

_____

_____

_____

_____

_____

_____

_____

_____

_____

_____

_____

_____

_____

_____

TOLERANCE

```
B Q F N B I U G R E C O G N I Z E U X M
A G X O C H C O H H Y G A D P V J A G Z
R S M B M B Z U M N F Z Y L E I X C S S
A C C E P T E D L T X J Q O H D X O H E
D M R H E A Y A C T G W L H E L M Y E H
T B X R G L P X D S U S S G F T K C H S
L P W Y I Y H P B K X R K B A F R B Y E
Y X J S U Z D F R I G Z E Q S Y P J P Y
A Q A E H V R F N O P P O K Z B V E A U
H G H B I Z E R B U V E T R W W U O C H
R N U R R E W I D O T A V T I B U B U L
S V A U T K X L P R J K L X T M M E J U
M P O W Y S X D J J Z L H H E K X Y X V
R M G N I M R O F S N A R T D C N S P V
L J N O N J U D G M E N T A L B P J L S
I O Q E M U U X E T H J T J U S T I C E
U O S A M E L H H F H D F E I S D Z L C
C B T E D Z X J Q C Y N C U Y F C I S X
K I N D L Y K E W K K F E I X U O Y N M
M C D Z F E W K Z H L T Q I A E G N M W
```

WORD LIST

TRANSFORMING	NONJUDGMENTAL	JUSTICE	SAME
ACCEPTED	CULTURE	RECOGNIZE	
KINDLY	SAFE	APPROVAL	

NURTURING

```
U G Z G O R D Q Z B I A G P G A C F V K
T W I L L I N G N E S S C E G V P T P K
F I B E G N I L C M Y B I Y S X G K E H
Y S H O R N F J Z R O P C C T T Q Y U H
M M C Q S W X S B U J W Y S J V U Z F P
K C Z G J A C P S Y C U J E G Y Y R I P
X S M S A C T G D I N M P T B G T V E Q
I F S R T O D V E J G C G H A K F M U S
T M G X B N K X C D O D C N O E K X R N
A F X F P G S D K G M T Y E I L W A B Z
K V L T X R J G D F A R I S E V D K B A
E D F C K A S B G V J T Y A I V I H J P
C E A A Y T M H Z J O D S P Z G Q R T L
H B H R X U F G Z I Y G L G F P D H D R
A R K E M L T E N D E R H E A R T E D T
R G L F X A M I K F J L W B Y T W F Y M
G R J O C T Q V W H I L K G F C O W R F
E P I R O E V A J B T P X T V F W T F C
F X V B N K G D K C J R F N Z R K C U K
G S B Y G E I P U M V D E T Q P M I P X
```

WORD LIST

CONGRATULATE   TENDERHEARTED   FIND   TAKE CHARGE
THRIVING   CARE FOR   GESTURES
ARISE   WILLINGNESS   UPHOLD

AUTHENTICITY

```
N H J Y R L Q D O K M A L R G V I U D X
P G S I H T P C G O I Q T R U E S E L F
V K J Y X X D H D E I F I N G I D S F S
O U T E R L V G E S O Y K R X N X N E U
L G N K X Z Z I C S I E Y J E M N H V H
S N Y R Q Y D Z B V D L V A E M W U X U
A I R E A L N Y Q M E S G R F T D S A Q
O R Y Q O H B N A T U R A L I H T F T L
O E I S P E A K E M U E U M H G D U Q M
M V O X X Z B L P J U P B Y Y W R T I D
I O S P D M P W O V J G Z B P U R E H V
Y C A F L M I A N W A Z T C Q B P U M D
K S J N O E T L I L O I S J S W Y Y R E
J I V C M A O D Z N F S D N S E H E B V
Z D S Q N D U E B O W R Q V D V U F D I
U P G D E Z T M T J U A G I E L O R S M
B Q W C I J B Q H L K H R O A F R D M T
T W Y B W H L Y B O Q C Y D C R K N Y Z
A A W R O E B S G X S U H E G J A V M X
Z A Y U F X N S N U I T X C L W T T K X
```

WORD LIST

NATURAL	INWARD	DIGNIFIED	OUTER
REAL	TRUE SELF	PURE	
COMPLETELY	DISCOVERING	SPEAK	

SATISFACTION

```
S G L O M S C E C Z M B E G Y B M B M F
A H N H F Q L T D S M L Q C A D G V M U
E Z X P K B M Z C T U Y L O Q K D H O L
P J M R O U H B U A P G R M D K Y Z T F
K I B O Y H K J G T A L X F I C F O I I
C G C W S K Z O S E D H C O H Z T J V L
G I P N S B E J S O F M B R N G B L A L
G W M C E V S T C F A V C T B H U D T M
S D A G L Z H S V M V A Q A O B C K I E
Z U K N T G O D L I M S I B T J P E N N
J J E E R L Q J U S J J D K N Q G T
O L H X O I U G F D Q Y O E E T C B Y B
Q B A H F R D O I M V N X O I N I J I J
O B P D F M F S T G B I Q R X P J A A C
U B P B E U L G N Z P I E B A L A N C E
H H E J I P L X E M F L G W K L G D V M
Q J N G Q J E L L K N Y N E K Z H V R E
F C S X T D Y U P J R V O K Z N F O S
A J Q V R M L N U U V L Y Y G Z W D R A
I V P W T H O R O U G H S A E J G P Y K
```

WORD LIST

MOTIVATING	BALANCE	ENTIRE	MAKE HAPPEN
PLENTIFUL	EFFORTLESS	STATE OF MIND	
THOROUGH	COMFORTABLE	FULFILLMENT	

Reflecting on . . . *Courtesy*

Let your eyes travel over the letters below. Write down the first three words that you see. (Hint: there are fifteen words total.)

1. _____

2. _____

3. _____

```
C B N H I N T E G R I T Y T C O E P J X
O J W E A D B X B K H N M G P J B R N F
N Q W A C C E P T A N C E D I T U B Z S
S E S T G D G I D P A D M I R A T I O N
I Y R R H K H A N E C E S S I T Y E A U
D J P O L I T E O F U Z K X C J X U Q C
E G S U W Q O Q L I F O P E N D O O R S
R U Y F A C K N O W L E D G E Y E H B T
A R T S H W Y Q J L E E I M I D P U I O
T R V F L P D S F Y H N E P D E C E N T
E Q S P K A S T J L S C V G U P R N V M
Q O X P E R M I S S I O N W W I E U P O
N M F H S M Q K Y L K U L E C S C O E A
U A Q L E G U P Q H D R V H L Q O P A P
M G N W T T J U H W T A V R X Y N G W Z
Q S E F M J M C U I Q G K E R E S P M Q
O L B F H S Z Q B C I I I F V J I O Q A
C H B D D I X A V Y O N N V R B D Q Q C
L B E R E T U R N K T G O R E N E C E W
C H O Y S U Z H I X Q A G H Q S R Y N O
```

Now let your three words inspire your thoughts about the term *courtesy*. What does it mean to you? How do you practice courtesy toward others?

PASSION

```
V K L L C L V H T Z M I M R A D I A N T
F G X I W Q S I H U E D K X I H Y Z S U
W C S V L C Z I I S P X M A G I C A L H
S U H B A M P K R S R L X I Z P C S M K
E U E B S V H G S Z H K U R C X I T D J
K Q Z P W H X D T M U K W I Y N Y U J E
X S Z D H E I Z D M J I L C G D X N L F
M J O E V D V Q Z A E X M G Y Q J N E B
P S P T N U E E S H K Q M T V N A I B M
X H E A K T L L X F X Z H G D E R N H A
O Z N W I A E G I T O N O C J L W G H F
B O E Y M N T U B G Z D Z K S L F N R W
S O N U L L T S Q Q H F N M P E Q I Y G
B L D U E Q N T C X V T E X I V V I K V
V P E Z X L W O H M N E M R Q E Z Q O
P Q D H D F D L R H E G S D I B Z K Y D
Z G H X Y Y T Q C A F H Q N T L W U U A
R B I V M Y O P D U M P R O E U Q T M M
N U X C S W W O W R D O D Y D H J Y A T
S H U U D E T E R M I N A T I O N U Y A
```

WORD LIST

WOW	SPIRITED	RADIANT	GUSTO
DELIGHTED	STUNNING	THIRST	
OPEN ENDED	MAGICAL	DETERMINATION	

HONESTY

```
Z L L Q R B T E S T A M E N T L E H Z R
A N A Y H R P M P T L X P H P F M P O N
A L J N Y L Z D F I V I L N Y R K C L S
C H E S W B D F K W A B O V E A L L S N
O L U C Y Z B A Z R Q I V K B V V W C S
L W C W J E B D L N O G N R R K A S Y L
A S X G U Q X Q U Z E W P B F H Z C D Y
S L C K U D T S M F X C H U B Z S I D R
W L L R C N S M G I I H Z N S A F W
V Y A R E G D V S G G Y B A O X E R L Z
T E B M J G E F Y K V O V B W R O P V V
I T Q B Q T A B F S Q U I I E J Z V J O
H N V Q T K T R P A R A C T O X M C X O
B K A B C S B P D Q U R M Y N B D H K Y
N A L W A Y S K A L U E Q X P Y B A N Z
H R C D K I E Z X E H K Y B D W P Q K
O Y N L E A Z R P R D S A W C P P X A U
N V L G E N U I N E A O S X C A I C Z O
C H D V J K Y T I R E C N I S I W F N M
C K N E P L N Q N G O U R S E L V E S B
```

WORD LIST

SINCERITY	TESTAMENT	HABIT	OURSELVES
GENUINE	WHO YOU ARE	ALWAYS	
READY	ABOVE ALL	REGARDLESS	

TEAMWORK

```
T H B I N Q M C O M P A N I O N S H I P
S K Z S C Q V Q R T G L A C T I O N V X
X H I L B E V I O K K E C A G R E E M O
U D V Q G T T F O L L O W I N G I K C R
Z R U L Z U Y Y A V J W U R H Y C F D O
R M F E D Q S B J R F B E J M L F Y Z X
Z N Z W X K A T H Z G R Z L Z H K B G U
R O E B J Z X D G D L S I R S Q K X G H
Y T B E Y L E G L A J G N Q I Z R U M L
X U N W N R A M T E X U A Y V Z N A W H
V X V H Y C M F L L T S G O G X T F W M
I V X K X H A U T S R T R Y B F D Z F W
Q O H J Z L Q R Z X L E O B V S D R W H
G F G T K F I Q Y A G N Y L E D N K G Z
P Y T Y B H C V S T R Z F A T A T J U V
F A M O U S L Y E W M E W G R K G O K Q
B E Y G V B S C I L L T I V F U R O D Q
G V M H S N V G H R Y X A X N J O I A J
A M A A F F V H P X K Z M X Y L U M K I
P R O B L E M S O L V E R K Q W P V V B
```

WORD LIST

LIVELY	FAMOUSLY	AGREE	ORGANIZE
FOLLOWING	COMPANIONSHIP	PROBLEM SOLVE	
LEAD	ACTION	GROUP	

MEANING

```
W P F X P Z M U Z N D B E C O M E H E N
N Y A Q T J X A V S D H Q S G A L V M M
N A I Y P U E G W T W C L E R A D A T D
Z H I G H E R Q X M G J T L M T U L C L
J U R Z Y O H G A Q W Q H V V H B U H L
C E H O P L L Z V A D I N N J W M A S R
Y C M C W Z P Z D O H Q J A V W F B S E
S T X Q I S Z K X C A C I S L M O L N W
X R M G R B V Z X E I M W N I U E K A
I E G Z N E P F U Q B Q G W T F A D E R
J K Y Z O I A L E C V T U R E W P T O D
R M Q G N V Y S R M D I I S F G U X G I
S Y H H K Q W F O Z S V O O C L L G C N
T K J O A O W L S N X P O W O M A T H G
X Q F U E U Z J O I R S U S I H I F L F
L G I Q J D K V F U T Z B A H B N L H V
U O B R D B H T P I R A Y K O S M X I L
V W S U P D B H C J H E S E F X E F J S
H V Q V T C Y L K G I N T U I T I V E G
O Q Z Q A U S L G Y T E S T I R R I N G
```

WORD LIST

INTUITIVE	STIRRING	HIGHER	REASON
ABSOLUTE	VALUABLE	SATISFYING	
REWARDING	PURPOSEFUL	BECOME	

Reflecting on . . . *Friendliness*

Let your eyes travel over the letters below. Write down the first three words that you see. (Hint: there are fifteen words total.)

1. _____

2. _____

3. _____

```
D K P Q U K Z F I N T R O D U C E O V F
J K I F V R A V E S A B O U T Q N L Q J
B X Y A V N T H R X G G Z N D R R E W R
A C I N T N L O K N H I F J C E C U Z O
B R S T A L O N G S I D E A T S L V B U
Q D A D D Y A T A K I Z J R V P R K X W
A Q P K T Y E R X I W R P H P O A N F V
A D P S R K A M D N G V M Y F N R J I X
F G R A C G F M D D Q H T Y R D D H V T
F Q E L I I P Q P N G G F F E H Z O U J
E K C L Y N L W B E T Y S S S O Q U T G
C X I E R B E Y W S U I P S H B W S M G
T O A V V X A S X S G R K H D J L I D S
I F T B U D S L W D E L N I D F Y O S L
O F I A H R E Q S L Q R R G R K H P D Y
N E V B P Q Z Y P O Y U Z H F D Z N J F
A R E C N C E A M M L B T F F S L R V
T I S L H L V U H Y P Y Z I J B X N K Q
E M L O V E L Y C H F Q J V E J I F Y Y
D Q D O G O O D T E V K U E B C M V P T
```

Now let your three words inspire your thoughts on friendliness. How do you practice friendliness? How might you be more friendly toward others?

_____

_____

_____

_____

_____

_____

_____

_____

_____

_____

_____

_____

_____

_____

_____

_____

_____

_____

_____

_____

_____

_____

_____

_____

_____

_____

_____

CORNERSTONES FOR LIFE

Whether you know it or not, we all live by a set of values. Think of your values as what guides you in making decisions and knowing what is important to you. Some of your values may be kindness to others, authenticity, service to others, curiosity, honesty, community building, or spirituality.

Page through this journal and let your eyes skim all of the different words that are featured. Take note of which ones stand out to you and answer the following questions.

Which words in this journal would you consider a priority in your life?
Write down as many as you like.

_____

_____

_____

_____

_____

_____

_____

_____

_____

_____

_____

_____

_____

_____

_____

_____

_____

_____

_____

Using these as your cornerstones in life, which one is most important to you? Why?

_____

_____

_____

_____

_____

_____

_____

_____

_____

_____

Now try writing a personal motto for yourself in the space below, using your cornerstones for inspiration.

_____

_____

_____

_____

_____

_____

_____

_____

_____

_____

KINDNESS

SEARCHING FOR . . .

Faith

FAITH

Having faith in something doesn't always mean feeling strong and confident. Life has ups and downs, and it's normal for faith to follow. It's important to listen more deeply and continue asking questions. You can learn new things no matter where you are in life.

Think of faith as a way that you grow. Take a moment to reflect on your own spiritual path. Now answer the following questions:

When have you felt most connected to your spirituality? How did being so connected make you feel?

_____

_____

_____

_____

_____

_____

_____

_____

_____

_____

_____

_____

_____

_____

_____

_____

_____

What habits or routines do you use to connect with your inner spirit?

_____

_____

_____

_____

_____

_____

_____

_____

_____

_____

_____

_____

Throughout your life, how have you grown spiritually?

_____

_____

_____

_____

_____

_____

_____

_____

_____

_____

_____

_____

Reflecting on . . . *Nourishment*

Let your eyes travel over the letters below. Write down the first three words that you see. (Hint: there are fifteen words total.)

1. _____
2. _____
3. _____

```
Y Z G M P E K R X W V L I W J H E A L H
N E W J J K B R E A T H L D T W Z F M M
K Q D H J E Q Y X B B N J D B S I I S A
W R Q R E C M S W H X J J A L U K L I N
W O C B I N E R V S L U S L A W N L D S
W F R G Y N R C L M Q Y Q H N H D U J S
A L M S J O K K T T X B A O K P E P Q X
E A D X H Y W I X R Z Q H S E O K L H O
R B V K K I V M N A O G W I T D N R S G
G Z F E V Z P L C F C Z I A N E W N Y H
T V M I K D Z T M Z T J Y G E T P L Q W
H U U G F H N H J R P A F V E A S I E R
B E N E F I T I N G H N K Q Z X P C Q U
X G N S I Q V R E U U N O E L P B W V Z
E Q I I V G J J Z Z Y Z W E I T J D I F
R F K R Y V B L T O U C H Q X N U P I B
J V P P C D M H S M V I O G I V E N I E
P R O V I D E K R Y W V I R O M W K B Y
C O H X B F Q L D U O I H W K H A C X K
B V J B P A A S A C R E D J G Y T K M I
```

Now let your three words inspire your thoughts about what nourishes you. What fulfills you? How can you nourish yourself today?

_____

_____

_____

_____

_____

_____

_____

_____

_____

_____

_____

_____

_____

_____

_____

_____

_____

_____

_____

_____

_____

_____

_____

_____

_____

_____

_____

FAITH

FOUNDATION

```
S F L O K B L Y A R D J E V E R Y D A Y
R C X M E X P S F S S B O S K L P N B N
Z T M F G K A C J E T Y N Z R P X A W W
M R V K F D F H L Q K W D P E Z Q K M M
K Y Y Y Q S J P C E N T E R T D U G M E
B W K Q U L I T P P V E J H O Y H P F X
I P G J I C F I L L J T I O Y U C G F Z
M R X K N L X P M S X C C R R J A P S S
T E I I F M C D L A M V M F T Z Z I W
L N R V I T J G D L A D A C Q R P W Z A
C P I S N Z J G N F G Q A T R U J L H Y
D C X H I A D G P U O U C N J T Q J P S
V M T O T D T X V X Z K Z Y P M S U Y
U S M U E T D Y L K D D N W T P L P J W
R B G S K D J Y N T J K B P F R I U U S
X N W E J W B G J O O L K V T I V N F T
I P P B H L Z Z S Q U S P Q W M E I M P
K D U Z X X L S D E M S S N Q A B F H U
Z R L B P T S U G V H V G Y A R Y N U F
B A S I S U J X J D R N M B W Y D B M E
```

WORD LIST

PRIMARY	BASIS	PRINCIPLES	CENTER
FILL	HOUSE	LIVE BY	
INFINITE	EVERY DAY	ETHICAL	

PROGRESS

```
A T W M B I Y Y W I P O H R P V O O U C
U J X S D Z Z P K S T E P F O R W A R D
P N Q S P D L W Y U B F T O R C B K V S
K J V L L E A K W A N D E R I N G L X K
H P J M P X S F A J M D U V J B C Y L S
A O K P D J B N T K K X T W E N E A G B
S P O S S I B L E K Y N U Y L Q S H V
V A S J H N A D W Y E Z D V D T L O Y P
J J H X W H N K E M Q Q G B I O E R S O
A T A R Y I J A E N R K U N X J F S J R
N I Y T K G J V I F Y I G I O I E W D G
O M C N Z Z O Y R Q L C V G I L L J R Q
F N A E I M Q M A D G D U Q D X U I C U
S M G M X H N Q I Z R H N U S S B K T
H I I H M F O N T G N H E T D E U I V H
B H U N F N G B Z O O H U X G N O Y A G
G N L B L T S A V O D T H F U T U R E Z
U T T K F M W A F Q M X F T E D C T G Q
Y F Y D Y A X Z I H D P I L L A M V B O
M F S A F V S N Z J Q U Z G I K V K P Y
```

WORD LIST

MOVEMENT	MANKIND	WANDERING	LASTING
BUILDING	POSSIBLE	RISE	
ENDLESS	STEP FORWARD	FUTURE	

WISDOM

```
R B U Z Z O T X U G I L W B Q R I L V C
S W F G D E Y Y I B H U M Y E K I V Y Y
B C N U K N R R I X Z P F T S M V I G X
D Q X E L T K I G Q Z Y A X I H K B O D
G N R T O N U N M M E E S Y T E Z I T Z
I C O L I B K G C E R M S Y G A G I A K
K E L I U V M T Q G Y I P R P D O I K U
Q Z L M T W G R L S Z D O M T I Y P C J
W K Q R S A L U T I N E Y Z H L H U B J
R T Y N R F C E C K X A G M X M B G Y J
E R L E F M R U H N I S X X D M N T T K
T U B R V I P Y D P L F M D Y H D I K I
P T H Q O U X R J E R G F R E C E I V E
N D E U F W N K X C W N I T H J G C M P
Z L S A C D O H W G P P N B Y M P Y J U
A X G Y C B U Q E K D E S S S E D F X B
N R Q Y I H E F E M I F Q H S H S N E L E
M J B J A A I E H C U G L Y V Q D W D A
S A Q B C O S N N F D H L T Z J M F S Z
U H L C R S I A G F T H G I S N I O D Z
```

WORD LIST

ANCIENT	MYSTERIOUS	RECEIVE	EDUCATION
GREATER	IDEAS	RING TRUE	
SEEK	TEACHING	INSIGHT	

BELIEVING

```
D I A V X B P Y E A J N B B I D J S J B
H Y F O I D D K T W U O U X K G K M K M
O J B H B Z I F A A Q W G T L L O K T N
S N M W O N D E R I N G O H G G P E D W
W E M B R A C E X N B W Q W K T R M E T
X L Z P S V V B D K I S E E I W I W Z
T Z R H U L F Z O Y V S T V M V B K R
F A C C Z K U O Z E E P E P C D Q N I M
Q F Z G N M L R E S S F H N L Z E N H
L E A P P T A D J V R E Q R S F Q Z D I
E A T U U O G E E S V Y O F Z E H O I L
Y B F O M G C C X I O W M A L F C L V I
Q W K W J N M J E B C P G F X A U A I X
Z O I A E R T C N Q D S P S B R T N D S
I I L D J U R V X I E M D C K I S I U W
G I I S N E T E G P N C O U D M K L A T
A V T G P R G W O O Y H O O B H Z H L B
E P H U S W S H B N U Z F U Q P Z V Y
V I U Y X Q O F R U Q R A H H V S A F Y
F A J Q P N J L Q K M M N W G R F Q V V
```

WORD LIST

EVIDENCE	OUTLOOK	SENSE	WONDERING
LEAP	WORLDVIEW	HOPES	
PERCEIVE	EMBRACE	INDIVIDUAL	

Reflecting on . . . *Leadership*

Let your eyes travel over the letters below. Write down the first three words that you see. (Hint: there are fifteen words total.)

1. _____

2. _____

3. _____

```
L  I  O  C  O  Z  L  S  T  R  H  X  P  S  L  O  E  Z  L  N
I  W  Z  O  B  L  F  J  A  V  K  K  X  I  P  R  M  D  K  J
D  M  I  U  M  Q  Q  L  K  V  W  D  S  G  V  O  I  T  E  X
M  T  Q  T  E  O  T  P  P  S  A  A  A  N  E  U  W  Z  M  U
P  R  R  A  L  Y  C  O  K  A  E  I  Z  U  A  H  L  E  E  K
L  O  K  Z  L  X  G  J  K  L  R  R  L  P  K  O  K  D  N  Z
R  G  M  T  U  Z  K  C  P  V  O  T  V  A  H  Y  Z  Y  T  E
P  A  R  T  N  E  R  S  H  I  P  S  I  E  B  T  I  I  O  V
D  S  S  W  U  O  Q  I  A  F  F  S  Q  C  M  I  J  E  R  A
N  F  S  S  O  O  H  I  E  U  S  G  F  E  I  C  L  A  I  V
Y  A  N  B  I  T  T  B  E  S  W  E  P  Q  C  P  K  I  P  I
C  I  L  P  R  G  G  Y  P  J  V  W  E  N  A  Q  A  L  T  I
G  R  A  I  K  S  N  O  F  M  C  O  A  C  H  R  A  T  U  Y
U  N  X  U  D  W  S  O  C  A  R  E  T  A  K  E  R  X  E  V
Q  E  P  Z  C  M  R  Q  W  R  V  B  W  X  X  R  E  X  A  C
R  S  U  A  A  A  V  C  X  V  I  S  I  T  T  I  C  Y  X  H
A  S  Z  S  M  E  L  A  B  E  Y  E  V  Z  H  S  Q  N  A  R
D  L  U  N  W  F  A  L  O  R  G  A  N  I  Z  I  N  G  X  N
D  W  Y  L  Y  T  F  Q  A  V  O  L  U  N  T  E  E  R  R  P
I  P  I  N  V  E  S  T  P  L  W  M  T  D  W  M  W  N  U  Z
```

Now let your three words inspire your thoughts about what leadership means to you. What makes a good leader? How are you a leader in your life?

_____

_____

_____

_____

_____

_____

_____

_____

_____

_____

_____

_____

_____

_____

_____

_____

_____

_____

_____

_____

_____

_____

_____

NEW LIFE

```
R M Y A Z O R S V J H X B L B P F B B M
P Z M Y J R F S P R I N G S U T T G Z G
X Q N Y F B M V L J K D X X Z Z G N L
M A K E R O O M K O A D G M K M J I P E
I F M U X L U G G J U I O A V N X H C D
R F O S P I R I T U A L H R Z M S J W
F F T B G W O S T W D H O V Z Y I A F R
H E T L I F D G N J N B E W Q M W D M
D Y C D C N U Q U J B D P L Q V K R D
B P U B P S F F W B M E Q O O B Y K E J
D N E G Q F M X H E J I D U Q P Z D O Z
W G L C R E T U R N I N G S G S E N I B
M G J E K C B D I N Z G K H H E O V S E
F T N A S P A R K L I N G L M R E R N O
W D I S C O V E R C Z H W D S M T B V V
Q E J P H F W L G S X E X G E Z Z B H Z
L U L H K O H X K L C C K U Y Q X F R R
L G C J K W N L L H W F Z Q C R U B B T
W D C I G C Y J H D I T M N O G S R U M
C B R E A T H E L E P A W L I X Z V Q H
```

WORD LIST

SPIRITUAL	MAKE ROOM	RETURNING	SPARKLING
SPRINGS	REDEEM	WASHING	
DISCOVER	MARVELOUS	BREATHE	

TRUTH

```
J N W L H O H T M A B G Z M O U S R H X
B E M P L W X R P V Y I V N D I D X O I
L V V Q N R O N P L J N J Z L Z G P M T
F O O F C T K D B X U M E Y J L H H K U
K R Q X F I A O F T X C X V V P Q O S
E P B Y S V F T B F R D O A A W Y R D L
G M Z A V I I C F N Q B S C H M P J S D
W G F F D F G W A L N V P H O C I T E G
J A S I G H T N T A H E T W F H W N W Y
Y Y Z O W D Q F I J P N A I Y W I Z E Y
G S O L V E K X D F L R G C H G R K L S
Y H R I P T G E N W I T V I A H G I D Z
R K H E A R D A R Y U C S Q H O D N D U
N P C M N X D U I D M P A V J P T T X M
U N T A N G L E A J E U I N U J G N G H
H L S S L W Y E C R J D S P T B S I C Q
J T M R U M G D K H D B Q E N A Z K Z L
N Q A B O D Z L Z Z W G Q X C A P A X A
T R U T H F U L K E M V O A N S T E N S
M E M P R E V A I L P L U K C L L I O U
```

WORD LIST

SIGHT	SIGNIFICANT	HEARD	SOLVE
PREVAIL	WHISPER	UNTANGLE	
EXAMINE	PROVEN	TRUTHFUL	

STRENGTH

```
T Q I P S I W R E S I L I E N C E U M J
M S Q V J N Y G Y R G A A F K W A M A T
R P J S W R G X A J N W Q C A P Q W G G
X E Z I N K C D A F X T I M U P R X N O
P R S Q J Y W F Q G C I V X W I L L I X
E J Y O Z A R Z S G T M N A D S I B F R
T B E U L H Z Q B D S D K W C W B Q I E
G H I S Q U A O P R K L M V A J J Y C N
Y K P C G G T T P I F I J V K R S J E D
Y H P P O V W E M V U Q G S U U D S N U
N O Q G O W L I H E Z R M O A B F V T R
Y L M P J A Q Z S G U D T L M B S V G E
A Y M Z S I B E H Y C G J M H F Z N T D
W O Y P O L J H F O D I O K D S P R I J
M Z S T E A D F A S T Q T M R J N Z N E
F D E M Q B Q U P V H H W S Z K C U O W
V S L P Y U J C P R G Z I M Z H U M U B
D W Z L I A O G J I Z U J Y I P H R J V
G G P H L E G C M H X W X M X K Y X G A
K A V K N G G N O R T S X N W A A R G B
```

WORD LIST

WILL	MIGHT	RESOLUTE	INWARD
STEADFAST	MAGNIFICENT	STRONG	
RESILIENCE	DRIVE	ENDURE	

PROTECTION

```
X C X S I S O U R C E I O M H E O D G Q
F Z S M A W P J I W S Q Q K L C Z V P A
D Q W H R J A U G B U T E B K N T L J J
C U K W E E G T O F R H I H T X T A M A
A K J Q F J U U C H Y S T Q Y T L G C U
I D F X U V C D T H I D A Z K D W E F J
R H T I G H M T P V G W Z Z S R F N U
Z F N N E M J Q N R D U V J Y N V K J D
R V C T W Q H I S K T B L N S T D P N Z
N X A I Y P S Y J T R C H P U K O X N L H
W M M E A F H C Y H R O V E G H B F X
A R V A A A C B U H H P N P D I D X O R
I M H T B D D S L U O Y E G S R A S N Q
J B Z E Y C K C G R H L D F J E A P Z U
P D Z N L Q H C L O S E D P X F T B V P
H Y U M N W L F B R F C Q I E V E Y S Z E
E X L P Z O Z X X Y O V R T N X K T P A
J K U O V O N K M W E P Y I N G B T V D
F I B O I B Q H U N L M B I J P B M W P
U P I J I A J F H F P G B U X Z F R O Q
```

WORD LIST

SAFETY	CLOSE	HOLDING	LEND
WATCHFUL	CATCH	INTIMATE	
INVISIBLE	REFUGE	SOURCE	

Reflecting on . . . *Belonging*

Let your eyes travel over the letters below. Write down the first three words that you see. (Hint: there are fifteen words total.)

1. _____
2. _____
3. _____

```
W C M S Y R H T S U R R O U N D J G O Y
C F A H N A G E X T E N D I N G C H H I
X E Z A R K N V N Y N Z X I G D Q J T E
X L S P L Z E C O M P A N I O N P M M D
F L N E I M U G T Z Q F B I G J T F L U
F O T D N G T B B N B V H V K E O X C O
G W J H K I U A S W M U M O W X X C R M
E S L S E L O S P I T D I R O G L O J L
O H O F D N I G J Y X X U E H R Q N Y U
P I S I N V O L V E M E N T L O S N E Q
J P U I I I F X T L F U K F I O O E U V
A Z Z I U J Q F I P R R X V J M A C L S
X I F F T R E A S U R E D M K M T T H A
I U N I O N X I B J R W K E V P T C J T
N B Q Z A T C E B H J Z V E C E A K B F
I J C P M P A R T O F M R T R D C Z I E
O R I B K M R Q Y X O F O V X Q H V I S
S H A R E D W I T H N F K U N E K Z N G
I Y W K S M B P R Y Y T B L L A T I C X
U W Z K T Q T G T P S V A G Z M I E N I
```

Now let your three words inspire you as you think of the different ways you belong. What do you belong to? It could be a group, club, or family. Who else belongs to you?

_____

_____

_____

_____

_____

_____

_____

_____

_____

_____

_____

_____

_____

_____

_____

_____

_____

_____

_____

_____

_____

_____

_____

_____

_____

GUIDANCE

```
A P L M C O N T A C T S A V A K I E R M
G X A K Q W V K W O N Z Q A P M F H B Q
J P P K W N D O O G Q R U N L M M V R X
F V O I C E W R P D F W H C D A B J E B
D L R K C S V O Y U K H C X C W E G A M
U N P B M M G I W J C Q S C J T E V D U
E X U I J B K B N Z P Y E L V V K C E J
M A D O P X X W L F V Q W A B Y P Y W R
O O U X X J N B C U L M P J F C J O P C
R B S F J K B H Y Y I U X U F C W C X S
V C P I B M A T E X Z M E L A F D B N Z
Z N O F P B D G K L T W U N Q Y W K L J
D W K Z K V P X K Y S P L C A T U Y I
L R E Z E E I Y O G O B D I W E F J Y L
G H N I R U S N B H D N N H H O I H H
R X G S D C I X A T E G A M T G V A Z T
S V K R N A N T A T X X B I Y D U D F D
H U D G S A G R I C G H A J A S S U R E
P T P T D J N B Q Z S F N Z Q L N J W W
U U U C R T T Y C J R V P M N G K W I T
```

WORD LIST

FAITHFUL   SPOKEN   CONTACT   ASSURE
REVEAL   ADVISING   INFLUENCE
VOICE   READ   TEND

GOOD NEWS

```
J R F M R D Z P S R M W M F V Y D C S G
N U J Q I F F D Z T Q E X P L A I N G E
Q W N W E J S S J X U V C I O D W C N N
N Y N O C I Y A E U W D A X W W T P I H
K I C C A T L O A B X I Y Y D C V N L G
I S I F J O Y P B F H Z G I V Z I Y L Z
F K B X U L R Q E O Z Y F T N P L Q E D
N Q L Z R M X E O O M L G L U G E W T Q
G H E Q A Z F U V H H A T T B W P D Y G
C D L O B Y M M D I G H S A Y G Y P R M
B R E W A R D E R S L Q M U F S T V O S
X J C T H W N Q J I H E K G G L O H T E
P J U V H K I S A I L H D H U C D H S N
S A X U D W A W R I Y A G T Y P D O C D
O T S X G C E S X G C I P H H H B H A T
N K T S F A B X N A N T I C I P A T E B
H W S W O B C I P J T B N M G V P T M L
L L H R Q N I K M E R Y N M I C N Z A Y
H R A K W R U S F J C W J L S P A A N E
L B O I Q W N N Q R F T R A T M Y S F V
```

WORD LIST

EXPECT	TAUGHT	ANTICIPATE	EXPLAIN
PASS ON	STUDYING	STORYTELLING	
SEND	REWARD	DELIVER	

PLACE

```
Z Q P D X J S U O L L F I I P O C F O L
Z I W P A R K Z H L S N Q K D C M K Z M
Z R V J H J W W C M E X B V S K H O S W
Y B O H W V H C L B Q Q U F I A L T W C
I A X W D H E J O Q P S C U Q L P P M H
G U C Y N M E R P X R Z V B E L J P O E
L I T G V J W J E U Q W A M P N Q U A
U S J Z L D N X T I U Y D I O H D N B R
R H W R T W L L O R B C B I C T C S N T
J E J G P G E D C Y K G N A L T K I D H
V B T W A H D L F T X C Y E E G A Z M S
X T J U S K L S N Q L Y Q A W R V X O T
H Z B P R Q H Q S U Z D H C E O E V C O
B R Q Y B N B Z S G F D H R U K H J N
Y V S X B D T I I Y H Q T Z X N R P C E
W G B F E B O O P M U Z R D U D U D V S
I P U N M N E F Q T Z N E M L V W W Z U
R O Y F W B H H G B J K Q M K U Y Q W C
X L U Y W B M Y Y U P I H T I A G R W C
Q A K Y P C O M E H O M E W H Y H H A O
```

WORD LIST

WELCOME	SHELTER	OWN	COME HOME
HERE	DWELL	INCLUSION	
RETURN TO	GROUND	HEARTHSTONE	

DETERMINATION

```
I E P L F E M M D Z P R E D H C C D D Z
C F J O H C T F I I O R W P D K Y E A C
L E A D S S O S J N L C I B Z B B V D F
R N G Q I X C M U V F I P O H L A I X P
K B L R U D L Z M N L I G V R R B T Y C
X Z G V Q S F R A I B M N E T I A T W H
D I D E S I R E M K T R Y I N N T Z N A
H J O F K N M H J V D M E S S C R Y B R
J U O P V M P K J I X G E A Y H E C C A
N Y X N I I L P N Z B X B N K L I L J C
J Z W E K P J K C R H U V C T A H G B T
Z I X H I U Y J R E U D K K V B E K E T
T S C F M D T E W T M C C S B O Q L N R
P Y O W O D I T Z T R Q C O F S U M E O
V I N V W U Q V A M T W X L O E E U L N
T E T V E A A P E N T J J Z Z C K M H M
H K I D O N K Z A I S X N M B N P B V Q
S J N K V Q V F J T N F D R F Q K K I R
C F U W O O E A Y A O T I C A O E O O T
S Q E P L T C B D G F W O L C T C G B X
```

WORD LIST

UNBREAKABLE	COMMITMENT	CONTINUE	DESIRE
DILIGENCE	PRIORITY	FINISH	
CHARACTER	LEADS	DIVE INTO	

Reflecting on . . . *Serenity*

Let your eyes travel over the letters below. Write down the first three words that you see. (Hint: there are fifteen words total.)

1. _____

2. _____

3. _____

```
I T Y A P L E A S A N T L Y Z K Y F S H
B G N H P S L V I A G E N T L Y W K W S
E K F J Q I N Q U C L S L W D T W V T B
R O Q E Y M W R L B X E V E N G L R E W
F L K J X P D A E D Z L V B S A T E R I
I J R I H L K N V E J C D C E T G R E X
Q E Y P X E G L H Y L T A O T V M K L I
V D G H E W F D X J Z S P K T Q S Q A M
H M Z F E T E H C R L P O A L H A O X H
S B U I Y R X E O K G H W Y E S N B A K
S B F Y T H E W X M M F Y U D I C H T F
H R K N P C J A N O U X N M Y O T C I M
I B S Z Y P D R N F I K J I P Y U R O B
M T Z V H E L R E D B Y U K B K A S N A
M M C H S P A C E Z N K C C T X R V K S
E N E J G T H A B Z T O F D G O Y C N K
R O N H G N R I N T U A W Z Y W O N L D
U K I N D W T Q M K D E L I C A T E G L
H S M E L T I N G E J F T V E U N H P C
C E B D V J W X R N N F V S B U U Q D D
```

Now let your three words inspire your thoughts about the term *serenity*. What brings you serenity? How do you bring serenity to others around you?

CONFIDENCE

```
P Z L V M E V W R T P O T U N L E H C T
T N K C G D E C X Y G T H T O G T A Y W
S E W A R Q G V Y B S N Z H U W D E J I
V E T N R V I H T U U E L S E T T V U T
B F N E I H I R I D J D E U C L E A R H
V C N W J U Z G L M H I B S K I Y N F O
Z V T F C F T Q I V O F R I Q S Z P N U
Y X F Z D H B Z M A N N Y R F E I N X T
C V L F Z F H U U J O O X X Y M J T H D
A T O T H J B Z H V R C B B H P P Y O O
N P Z V F O Q C M M I J L I H O V S O U
D T Q A R A X U U Z N V M T H W G E Z B
O M L A O M V R D R G L A K B E F M E T
V D I R H N Q P E L N S A I J R E E H T
F T J Z S S M B M Y Y C L E H M G S O W
U U T V A Q O C F Z E J Q V K E S Y X B
K N O W I N G U I K V S F K U N T M U P
C V D Q A E U P R O V E N Y S T P Y Z G
S Q O P D Y B L M M I F G K P B W J C A
F P B V P B C O N F I R M X E D L J I
```

WORD LIST

KNOWING	PROVEN	EMPOWERMENT	CONFIRM
WITHOUT DOUBT	CLEAR	HONORING	
HUMILITY	CAN DO	CONFIDENT	

CLARITY

```
J V S X R M B J K A A V Z X F R M N J C
A U C I J A C L E A R I N G P S E S S E
C D K N O C K I N G O B H V D S L S J O
L G A F D B W Z C S B R M K T P V X I X
P Q D W K G T S Z A D E I M A G E F M W
O Y Z R A D S I Q Y O A B D E F I N E M
X E U I D K A Y W S E K F P C C A T N A
R B N Y A L E S V V A T T I S L K K A X
H E T N U Z M N D S K H W K W D E D K T
X V T U W S L N I I J R T I Z H H A C Y
A P R M Y E H E J N V O N P J Q L J N W
K S I M P L Y B N A G U W Q A Z B L I F
V X T Q C W U N B H J G E F O M U E C U
X R Q Y K K O F T Z Q H V S M C E J S N
C R A C K O P E N Q A S C F T A W T S Q
N M C T B Q W F Z K C Z L K A L B S L U
S U M C B J Q F X M N F D O N M Q Y C B
O A T Y Y S G S G Q Y W D L O G O P B D
T R Y E U X Z D D B S A U Z R U H X I I
G Z R S Z X C A O F Q N W T Z G Z B N I
```

WORD LIST

KNOCKING	IMAGE	CLEARING	DEFINE
WISER	BREAKTHROUGH	CRACK OPEN	
SIMPLY	AWAKENING	CLEAN	

JOURNEY

```
H M T Q I H H T J F T I U A L G I L P E
B H W O D D Q Z Y V A K H G Q G F A R P
J I D P Y L I V I N G C L N U A W Z N R
J C O P D Z Q K O A F T E Y D D G E A O
T U R N I N G X Q O Q B Z D R T B R U C
U Y A W X P O W P Q P V K B U D V K T E
D S T A R D U S T V X X E I Y A D J N S
P F T U C V X W Y X Q Y U W C W N U S S
P A Y S L V N O A Q Z E G K I I A E E C
T V H D M J B R A N C H E S X B A L M A
N V P J W O J E O L W R K M G S J Y K L
H C K Z T Q H U I R T H Q K O C F I Y E
G H A A Q L H A S B G V T N B K H N V N
U R B W M E C L G R U G S U M Y Q I B D
X N T W K R A J C N P E Q Q O R U L A
Q K L E S Z L D R D E I Z I W Z Y N Z R
X W Y P K H X J K T G T L J A T P M N J
E D L I R U R A S U Q L B C R I V K B U
C Y C L E X Z G Y Q V G R O H P W Z X W
B A S V W Y L F V G L R V G T X X I C V
```

WORD LIST

STARDUST	WALK	CYCLE	LIVING
TURNING	STEPS	BRANCHES	
CALENDAR	SEASONS	PROCESS	

CHANGE

```
Y B F N A O F U E Y J H G D L C D P V Q
T M E M F B O I X U D J J S G B X K D F
K N K I V T G S W S W X O P G S I F T F
C E V L O V E E M B P L R T V U A U R E
P X V K A C N H C K V U T R U D N O T A
D Z S D Q L T H B I Z Y B A E W O C J C
X D G W L C E G J F C G Z W G A A I F H
F E F R Y T R F U Z L T C J A T Y S V D
V S D F C I B Y M I M X S D K E P O T A
M T N F X I D R A S U M Q C R R U T G Y
Q I S N A T Y M S R C R F X Z S N H G E
E N H I E I R L J S H D U B K N Y W I G
F Y I Z A V M C W V G G R T Q U C H K J
I G F E K I B I D T A J C C H J D T V N
N S T D C C X T X D F A D O W Z S D R C
D F B L L N H Y D U T F Z B Z K M A M B
A F P O C M R O H E I F C M W F A L N W
W G E B U L C Y O U Z D S X B P L Q J O
A Y R Y I X V Z D S L T G B D F A Y B H
Y O S G K A A O Z S E J N K W A P I B D
```

WORD LIST

CHOOSE	ENTER	FADE	MIX
DESTINY	EACH DAY	SHIFT	
FIND A WAY	EVOLVE	WATERS	

Reflecting on... *Courage*

Let your eyes travel over the letters below. Write down the first three words that you see. (Hint: there are fifteen words total.)

1. _____

2. _____

3. _____

```
U B I M J U G O H E I L M N S W L R L D
J L N L G O X G O A H E A D U J A L J K
C L I J A F U F W I X S P E A K U P F K
N M P T T M E L G X E P B W G D C P J F
A O O E J W W A R K F O U T L O U D Y D
Z V D M R Y O O R E G Q K S S D R Y Y S
F O A U K S O C Y L U Q Y F M G X A L Z
W Q R J O C E K Z R E B T P N R H T Q Y
D B I X N U S V G O R S G R J I T H N T
O K N Z D T X U E A T E S G Q T D Z P E
B X G U D U E P B R M O Q N F Y H J U C
Q T E N A C I T Y A A H Q U E S P J R H
R K O L E U H C J T I N W I I S R L B A
A A Z V Z F R Z P W R X C N D R S R R C
E V F O H Q J J F L T Y X E Q G E R A T
E M H Z Q N R J A D D S I A C V H I V O
O J Z B X L K U V T Y K B N S H A V E N
L A I A D I F F E R E N T K G N U Y R X
Y E W V S V X I I P P P O C F A C E Y X
K C N Y C T A T U I N R C S D K W O S N
```

Now let your three words inspire your thoughts as you consider what courage means to you. How are you courageous? What helps you find courage when you need it most?

_____

_____

_____

_____

_____

_____

_____

_____

_____

_____

_____

_____

_____

_____

_____

_____

_____

_____

_____

_____

_____

_____

_____

_____

_____

_____

_____

_____

_____

_____

TRUST

```
U V A B K U N P V S C H V I E J U U H L
K K L K Y C C C J I U H P X L M H H L T
I M L W R M L J H R K C R L O B V F V G
P I O I M M Z Y L Z F T E O D E A I E
F N W Q V X D R E A S S U R A N C E R R
A A S E B E D U X G T I A U P B B B L F S
I D I U V H H H S Y I U M E L X V T D
T O L O R Y Q K K H F T D W D A H R W Q
H X T R Z R H N S U R R E N D E R U W V
Q E A B H U K J R S B F O Q Z H N S L X
J S X M V T S H N Q O C B F K M Y T C W
D Z Y W Y O I W K C A S Y W P B O W D F
R W R L J H B T U C U V M K J N T O W I
N Y Q X B W K S Y L O Y A L T Y Z R L R
N N X W G M U X H K D F X R R W C T X O
M W D F Z A B P L A O X S M E M E H Y T
B R X M T H T Y F V V K D O L M Y Y E F
T S X J V U C J R X S L O B Y I T V N U
T E E J L J I O O M K D C A L E A N O N
T I O Z P I Q P E O K B N F V E R S N I
```

WORD LIST

REASSURANCE	ALLOW	RELY	TRUSTWORTHY
LOYALTY	FOCUS	LEAN ON	
DEVOTE	SURRENDER	FAITH	

PATIENCE

```
U F T C E I N P D H O S X O O V E Z B N
A R I U G U X X M K S A I M H Q Y R F S
V T G V X V S V D B X B O E Q T P N U Y
J A E B L T U R Y Q S I J E W Y T H J J
L E T G O H K K U R D M K Z E H S V Z U
R W I Z P R H U N P O D C D F Y A D T J
I T G B S O K A V S W A T C H F O R A B
V A O T Y U M C G B S L R N L Q O E K O
P W W A F G K F V C D I Q S U V P R R X
W U H Y D H I S O O N A H R V D E O T H
E L E U G Z N P X U C W G A O I N P G R
G K N T Y A F V N N T Y U M I O M U I Z
E S A M T X Y I G F J W U E E X I H M C
M Q M Y U G S C K B H H V Y E X N K Z O
C X N X G P R E P A R A T I O N D Z M W
H X B W Z I U T H M H H T S I K E D A U
A P Z Y T Z K E E P O N P Y J S D P L I
Z O X O R H Y G I K A W A I T E C O W W
T H D O G X R W X I I N H S M X J G O D
U B I U L E Z U I F I P D D V K U K A R
```

WORD LIST

THROUGH	WHEN	PREPARATION	SOON
LET GO	WATCH FOR	AWAIT	
OPENMINDED	PURSUE	KEEP ON	

ETERNITY

```
R E M A I N R P R H E P M Y L S G T Y U
L Q N Q W V V C J C N J C O M P L E T E
Q F L L J P K Z H K A I U F M I Q K R H
Q D R G U Z D E S T I N A T I O N F P I
A Y D F O V S M E M O R Y C S V A U X K
O E I U A A B Z P G I L R L Q J T D E Q
E D E A H C L W W T P S T C C Q U L L Z
K I B P Q Y L L H B I B B P U E O B A Q
Z G B B N N O W X O W Y P K A T L A S T
E L N M F G K L M E Z L V D G S S U S E
T T Q K L O S M G E Y X U O N Y I C N O
E L B I W H V C I U Q E B I G E E D G Q
R Q I W B J L Z S M C G X K M L M X G Z
N T R J W M D I R O K F Q Q S A O D J N
A U E H G O N L U N C H A N G I N G O X
L T R L B F V I V F W E E L R J O I G Y
L B Q C S U L E A U M J V P F E N B N Q
Y K A C W V B P N E Q B Y P Z U H C V M
K J Y N K I A Y S S I V Z A E W Z C Y E
X S P A N U E H L J W C L R Z P C A Y R
```

WORD LIST

ETERNALLY	REMAIN	REUNION	COMPLETE
DESTINATION	UNCHANGING	AT LAST	
WOVEN	SPAN	MEMORY	

CURIOSITY

```
R F U I F X P O A F V A O O R B G Z R L
S Y D J U L V V P Y Q M N O T I C E Y C
U T P A T I L O O K F O R H Q O M D E Q
J S J W A V K J B E O K P S G P D S N A
D D H J Z I Q R U S V S N N C J Q Q B S
R D K X G J V M U P R P I J Z B S F Z K
N B I X S R M B S D V H P J D A S K E E
F Q G S T W K B Q Q C Z S I G X I R N C
K C K B C A C E E R X D R O W F R V S H
R C X D H O S S A J D U P W U Q E O Q R
K H H K D M V E O F B R Q L F Y G G Z Y
F E Z K V Y S E E U P K N P F A B M S W
V X D M V K Y T R O D I N R G E N Q F B
W P I G J L V Z G Y D K A T R A B U G B
L L F G G K V J D T R F P R A N S W E R
F O K R C T S R W B Q U P E E Y F L M Z
H R Q P V E F D R E K E E S P T H I N K
E I D K L T E D F R D L T R E P N J C N
E N P M I N T R O S P E C T I O N G N C
J G Y K I P G Y K B F X G V O W V T E S
```

WORD LIST

SEARCHING	NOTICE	EXPLORING	THINK
DISCOVERY	SEEKER	INTROSPECTION	
LOOK FOR	ANSWER	ASK	

Reflecting on . . . *Vitality*

Let your eyes travel over the letters below. Write down the first three words that you see. (Hint: there are fifteen words total.)

1. _____
2. _____
3. _____

```
K  I  L  N  U  C  L  E  B  Y  S  L  E  R  F  K  O  S  E  C
Z  Y  A  V  B  J  I  M  C  G  L  I  F  T  E  C  Y  J  X  L
H  H  E  C  Q  T  J  A  O  U  F  T  N  B  H  I  I  Q  L  E
Q  N  L  E  O  Q  V  C  O  R  V  L  B  G  G  M  U  J  I  N
Z  G  G  E  W  U  M  T  T  O  V  A  V  E  R  J  M  V  F  J
J  M  R  R  L  E  L  T  P  V  P  S  R  Z  W  J  M  T  E  O
E  F  Z  A  Z  F  Y  W  L  Q  Y  T  K  D  R  E  R  M  G  Y
W  S  U  T  M  R  U  H  A  Q  M  O  A  E  E  F  L  O  I  I
E  B  Q  V  Z  Q  D  X  F  L  N  G  L  O  R  Z  L  N  I  V
L  E  X  P  A  N  D  X  J  I  J  I  O  I  T  U  N  F  I  G
S  T  K  V  M  F  X  U  U  T  P  S  Q  G  U  I  Y  J  N  Q
F  B  H  W  T  P  R  W  P  Q  G  H  E  H  E  T  U  B  G  Q
I  H  G  L  T  P  E  E  W  S  Y  M  B  T  V  F  I  Q  G  U
E  L  V  U  F  S  G  L  M  T  W  E  Z  F  G  U  V  O  P  Y
R  T  C  H  F  C  P  P  F  E  Q  N  A  U  J  L  R  W  L  N
C  B  U  O  Y  A  N  C  Y  S  D  T  Z  L  C  I  K  R  U  M
E  X  X  D  O  M  Y  B  X  V  N  Y  J  J  O  T  M  Z  P  D
R  K  H  M  V  G  I  K  U  A  X  T  S  L  L  B  X  H  L  N
L  K  M  U  J  T  R  V  R  N  T  Y  A  R  M  M  S  C  T  K
D  V  T  W  O  N  D  E  R  F  U  L  D  J  Z  E  U  U  Z  X
```

Now let your three words inspire your thoughts about vitality in your life. What uplifts you? Who in your life brings you vitality? What might give you more energy in this moment?

_____

_____

_____

_____

_____

_____

_____

_____

_____

_____

_____

_____

_____

_____

_____

_____

_____

_____

_____

_____

_____

_____

_____

_____

_____

YOU'RE NOT ALONE

We all have people in our lives who lift us up. Whether it's a parent, friend, or coach, it's important to remember them when we need help or want to connect.

Think of people who have helped you in your life, in both big and small ways. Really stretch to think of as many people as you can. Now fill in the following questions:

Make a list of people who have helped you, given you courage, or cheered you on.

_____

_____

_____

_____

_____

_____

_____

_____

_____

_____

_____

_____

_____

_____

_____

_____

_____

_____

_____

_____

_____

_____

Consider sharing with them how grateful you are. Who could you reach out to today? What would you say?

_____

_____

_____

_____

_____

_____

_____

_____

_____

_____

Now think of someone you know who could use support from you. What are some ways you can help? (Think big and small.)

_____

_____

_____

_____

_____

_____

_____

_____

_____

_____

SEARCHING FOR . . .

Hope

HOPE

Hope turns expectation into reality. Having hope requires you to visualize what you expect to happen—at least a little bit. In fact, the more clearly you can visualize something, the more confident you'll be that it will come true.

All that you hope for is possible. Think about the things that you're hoping will come true in the future. Now answer the prompts below, with the mindset that you expect them all to happen.

What do you hope for? It could be for yourself, others, or anything at all. List them here.

_____

_____

_____

_____

_____

_____

_____

_____

_____

_____

_____

_____

_____

_____

_____

_____

_____

What steps can you take today to make your hopes real?

_____
_____
_____
_____
_____
_____
_____
_____
_____
_____
_____

What are some things you're looking forward to?

_____
_____
_____
_____
_____
_____
_____
_____
_____
_____
_____
_____
_____

Reflecting on... *Adventure*

Let your eyes travel over the letters below. Write down the first three words that you see. (Hint: there are fifteen words total.)

1. _____

2. _____

3. _____

```
Z Z Q W Z C K X Z M E C N X R E R U V J
D F A H K N Z B Z Q M O T O U K O W B T
E M J F C S P R A W W N O R L D G G H Q
P Z R Y L P Y S T R V I F R O N T I E R
C K Y Y Z H S G U Y R X J P U N M D M O
Q Y N W J I P G R R X I F B K B D U D W
O T H S W I F T C A R F V X I F A K K J
I K C O N W A R D J N O J E T R W Z F M
Z P J Z U A A J W U U D E D L A N N I A
P D H S K M Y S R F R E S H S T A R T A
N X G X T R A V E L J P O H M P B S I I
L F G R O P P O R T U N I T Y E J Z V Z
C M I L E S T O N E S U A Y E V T C Z F
G P M H E X W P I I Q S W I M T X O V P
D R E A M E R K R S X C Y E I D G N G W
P K M B Z X U D B Q O I L H X A T Q V Z
U U X O V I Y T N M P L C P G B J U H G
V A Y Y Q M D G K E H P F R Y T N E Q C
W A N D E R I C O M E T R U E H T R H V
W S E T O F F E B W F R D M E A N D E R
```

Now let your three words inspire you as you recall adventures you've had. How have these adventures enriched your life? What other adventures do you want to go on?

REJUVENATION

```
K H L J B G S H S U N S H I N E X B J C
J P S D D K I S Y O Y B J H U X K B H Y
T K D V A C R V M U A K E P H T S S B J
O Y R R V V R E S T O R E V U G P L R A
X B J Z P E A C E F U L W E N W J S T K
P J E T M A F U B T E Z V K M K E V C W
L C S Q F H X C Z Q G I Y K I W D O J I
C O N T E N T M E N T R R O X K B R Z H
H S S C D D X H Y A O L I N C O R Q P S
C T G H C P A S M G H V Y N A E E R T A
X U R G O H V R I Q I B L U T A V L R V
V D R I N W O V U T J G M A G S I G O Z
G A V I B F E M M Q J M N C C F V T I M
D U M J S E F R I E M E N E Q A E W M K
W J O N L K R T H Z V S Z G T F B M B Q
K B A U U X U Q H U F K V Z Q K Y J H Y
Q R T P X L P C J Q Z V R E X Z I F W O
T I Z S N X O E J A H J S U S N A Z C E
K T G E W P R L H C J U K S Z G D L U H
U U Y X M Z U R I P R R J P Z Z W F A A
```

WORD LIST

TRANSFORMATIVE	REVIVE	RESTORE	SHOWER
PEACEFUL	CONTENTMENT	VIGOR	
REBIRTH	SUNSHINE	REJUVENATE	

EXPECTATION

```
N Y I A H W X K I N S L N E X T S Q V A
Z D I I W B I Z Z Q O P V A H E T B Q P
X U T Y Y N A X O E Z J A T X V O Z H B
K H H V K U J M W J O O S B R K B P R T
E E A M G Y L D Z U T O K O R G M V V W
Z B Z O K B E Y A T F J U L D S K N O E
T H J F N R H W E T N Q Q W Q U U F N I
P S F H A N N Y U A L P Y V N F N E K H
G V V P X L R G Y B H O R I Z O N C Y Q
V U E Q L U N O K L A E B U V C M B V H
A R T F J E K M O L W H P V M M C G S Q
P N A J S S S H G N M W F A Y B I D H W
M W I X C I X T O J H E X V C T D H B I
O M D X V E T K C E C F S P W X L H S J
N Y E C J T X F U Y N A L Q A Q U G C H
X I M Y Q J H N O V O M V S P T K E P F
S Z M W A I T I N G N E D Y R P I O D U
G S I U N S N L O O K O U T P A C E A L
E I V T O R F L A Q E E K J Q I F H N Q
A L R E A D Y C V W S Q Z R T H X J D T
```

WORD LIST

WAITING	PATIENT	ALREADY	PREPARED
HORIZON	WISHFUL	IMMEDIATE	
LOOKOUT	SIT	NEXT	

TOMORROW

```
L R P B E N V O Q H H K O H P W R V R E
N T V A P V D V Q C A J F G C A Q H Q X
C K Z B X H E X Q R O Q S Y E O C X I C
F H R D I I X N L Y M Y D S N V M T E P
K P D Z H T G E T Q S J P U G N U I K J
I R L R W Z R M F U B Y I N K L V N Z
Y O D N L Y H A C K A K E N S V S A N G
X M L F U D D W N X O L V Y F U V N I Z
X I Z W P K F D R C B G L V G S O L R Z
L S Q W R J Y Y L A Y K U Y Q E D M K A
P E H A V F I F D O F D P A V L Y Y E L
Q D H B D V X N U N O A J G K S W E H P
P C I I A G E A Y R A K S V U E B D N Z
L I K I D P N E R T I R T F N E F U V M
K Q Y V E N I R M F V E R O R U M A K O
E L Q D U Y I V L U E J V I J I H Y T S
U U A C L Z K C S O X B G P V U Y W S E
G V M M X B G M C V K E H M B A I T W M
U U H E C A N T I C I P A T E D L O L I
L O H W M D V W J U W R Z C R X Z P I
```

WORD LIST

NEW	EVENTUALLY	COMING	LOOK TO
DEPENDABLE	ARRIVAL	FATE	
SUNNY	PROMISED	ANTICIPATED	

STEADINESS

```
U Q E U G P V A G K O B C S E Z N G I W
X G C W M B E Q T F F P F W E E B Y I D
Q I R R E M I N D I Q Q K I P M L F G F
P S O W Y G S U E X G Q K R P L F P Y F
S F N F L S K X O R E G W N U Z M D U F
V Y C B G Z O P E M Q Y Q F P S Z H E G
W B L X R L Q N E P T H O C L E M T C
G E V Y U I W E L J G T M U H K E R A G
M U M N C D H E Y I I S R V A E L Y U Q
D D R S B Z V S L A W E L Q B J U X T R
X X E E Y B H N F V Y M S Z Z J L K H C
H O P D T E I U K A L V U X A O F H E I
F O J E I Z R H R J B N P F I C R Q N H
H Z K V L C K P P W K I Z M P L X Y T L
B K L O X G A P L D H U Q T B M D R I O
K K L U D A R T Z Q A X U X H A T X C Y
B Y L T C C T F E M N J T J E V D A A A
S H U N J B F P O D G X T T Y K L Z L L
V V B E C R H T W U G D S S M V E H L H
A I N H E F U W X X N V N X U J R Y L
```

WORD LIST

UNSEEN	FAITHFULLY	DEVOUT	AUTHENTICALLY
REMIND	HOPE	LOYAL	
PRAYER	DEDICATED	STEADY	

Reflecting on . . . *Renewal*

Let your eyes travel over the letters below. Write down the first three words that you see. (Hint: there are fifteen words total.)

1. _____

2. _____

3. _____

```
F K Z M I X H H S V N O U R I S H G C L
T Z Y F C E H Q S A W Z A Q A K Q A I C
Z N Q S Z T F R E S H E N V Y N W W E Q
W G L Y R H G Z C R E F L E C T X V W Z
O A R E C U P E R A T E E D Z S B V G Q
N E Q T P E K S C S T I R U P S H V I X
C X V Q G N E S O S I D K I E X C I T E
G L I T I L I P N F D L P I H A O G L H
U Z E E G I N N D V B F L W C Q T B A H
H U N J T G R R I I L U O U C T U S L E
V L H E M H E S T K R O N K M S M U Y Y
E W Y A J T V H I S T L S A E I Z N P B
K T H U N E I P O O H K V Z W P N B W A
M X H I I N T E N F F G L M K Y W A U J
R R V V I M A R E S T O R A T I V E T V
O A P T L E L K K E Y D L A B X L N G E
Q F A J G N I X X V S X H E A L E R N N
M R Y W J T Z O T D Q K J K R E N E W K
D N Z M F F E M F M A T P A L T C P L M
S D T M F V M P E W I N V I G O R A T E
```

Now let your three words inspire your reflections on how it feels to be renewed. How do you find healing in your life? What's something you feel needs to be revived? How can you take steps toward renewal today?

_____

_____

_____

_____

_____

_____

_____

_____

_____

_____

_____

_____

_____

_____

_____

_____

_____

_____

_____

_____

_____

_____

_____

_____

_____

PERSISTENCE

```
U D P E R S I S T E V E N I F D A U K K
P T A B Y C J H F U B P M Q K A J K L L
Y W U E Z I B K D V Y P E H E K K F H R
R T A N Y W A Y E N D U R A N C E P U N
H B Z O V G Q M V S V I U V H U O H Y Q
R I L X R R K C R Q D P D Z O T V T C Y
W N X A Z Z G Y W O U E F T H P R P D L
O E O S W X X N P T N Q S F O C U S E D
Q P O R U M Q D I I V S M U X C M U U Y
V Y R Z P D N Y M R T O T B M L W Y N G
P L E B Z Z M R W J I L G U N O N F S V
S Y U J Q E E M W M A S A D H N O H T D
D V Q Z H T S A V S S N E E S E A M O G
M J W K E E W U T T L X M D C X O C P W
S K R D N T C H K F O Q W P N S G P B S
W L M S E A V B K U S O D S R U M F A N
U P R U P F H G P L P J Y D V A I R B K
L G C W H K V E V M N C L A P P H L L U
U K M G M F S P V O J Y G W M R P F E P
D U E A N Q T J C I D D F X L E L F E L
```

WORD LIST

UNSTOPPABLE	SOMEHOW	FOCUSED	OUTLAST
ANYWAY	DESIRING	PERSIST	
DETERMINED	EVEN IF	ENDURANCE	

BELIEVE

```
I L G D K A S Y E G Z T J G R K O D E U
O P Y J Q M W L J W L L K D S G X S X I
C E R T A I N T Y T R Q A U Z A E D A K
F R Y E Y O C T R U S T I N R Q I O I X
E L R I S O R Y W I V X S X M G F W D D
O D D E T O V E D Y W J G N I P O H A D
J J A T T V L S K P E G N R Y A M W N
L Z F K H R T I B K A V A Y A P B A D T
A N U D E W R T N N P F X Y C A E Z O N
M H U N C H W A E E S P B C L U L Y K S
C Z T A P I Q T E J J C D Q E F I P T X
I W A B K D U Z D M A A M N V E E W O P
O H M K F B Z H E T G H S Q M C V U W N
K J O Y K M U O D L C C J A Q T E Q L J
M U Z L F F H Q I C O O K N O W I A U T
D S L F U Q C N D O L S N Z J D Q J W
A M O B Y Y C Z T A N O I Z Q G T K D Q
D R S L P N Z T M U A O A A O U X G E V
B T X L F Y V Y I L H Z T I B V P T B S
E S I X N D O Q E I H B R V S Z A E W N
```

WORD LIST

TRUST IN	CERTAINTY	NEEDED	BELIEVE IN
DREAMS	HUNCH	HOPING	
MIRACLE	DEVOTED	KNOW	

INVITATION

```
S V U A Z I M L I X L T N K R D C V S A R
R D C U Z W N S V W L K P B S G G F O
E A G Y A P C J J R V N Q L O C E N Y B
C U L R L G I M J W G F X I T N R I U K
H G C B N B M F V Y H O K J O F H N Z N
A R J R T O P B E C I Y U L L C U E I M
R H L W B N A C Q Y B S Y E F L L H N L
G V M N O A C W U Y U D S N U O S T L Y
E T H P O M T F U Y L M T E L K R G G C
L H U R S Y F Q F N Q O X R F W I N P U
L W A O T R U N A P K T F G I G H E Y N
U F F T U O L T V T F I R I L S V R U O
W V W P N S B E N O Z V K Z L J G T M U
R M S Z U R T O K S Q A F E I K C S A J
J V O J C I Y M A H T T S R N L Y I S V
L I E M N F Z S U X X I L P G H A E Q F
R F V G P V Y M F F Z O R F C K G B Q E
B R I Q U U J D L Z R N V H K Q E N V T
O M N D A N U Z B W T A R G W X K N P N
P Y C O O F N E H Z N F A Z T T P T E T
```

WORD LIST

MOTIVATION	IGNITE	STRENGTHENING	STIR
RECHARGE	IMPACTFUL	BOOST	
FULFILLING	SPUR	ENERGIZE	

MORE

```
N P X V E G M J S A H D X S H Y R N P A
H Y F U W N J M D U G W P K M Y B O J A
S I G O E D L D U W W V W A W H U F D D
H Z R T K Q A K Z C O B N D B M K N Y A
Q G B M N A X R U K H V T W L F Y U S P
J Z N T M E Y G P R O I F Q N Q L M T
W M I W M G A Z F O I W T K X C K Y M A
P J D V R G V U W K I K R O H H N U B
J O L R G B C C D F W G J L M B Z L I
V G V V U O O I T R A D D I T I O N T L
K D A K D Q H J F E R X Y W J U N H I I
Y Y H D E L A I Q Q T L E X T R A R P T
B E A R D O U J F A H G W T L O E O L Y
V Z Z M V X X D B H E Q S B S L I F Y J
J T T K N X A U Y A R N O L B X A L Z A
D L K T L C N F J K E A A U Z G G V Q N
E Z Q O B D I A K T X Z V M V I E L J Z
O Y D J A S K B F O Q A Z F I F E D K L
S U D N G H T O G C Y P A O C P E O B L
W A T V N L F Q C C H N Q U B V I K A Q
```

WORD LIST

GROW	ALSO	EXTRA	ABUNDANT
ADAPTABILITY	FARTHER	ADDITION	
OFTEN	MULTIPLY	MUCH	

Reflecting on . . . *Improvement*

Let your eyes travel over the letters below. Write down the first three words that you see. (Hint: there are fifteen words total.)

1. _____

2. _____

3. _____

```
E O Z I Y M W S I W I J Y G Z U O G U Z
C Z H I C M R E C O V E R Y I T R G H K
H B V M E A F I I C I L Z R C K M A E M
D E Q P U X R A P N R A Q Y E U P S K R
G T H R P F E R W N Q J O E N S F W B U
R T N O Y R V C Y B O G X C R X O H E R
J E K V A P J Z Z O P K B O I Q Z P R L
T R B E R O L H A A N P L N C K G C G N
E J X R T P K X B P L K O T H H N S E Y
W E S Q H I X W U G V G S R M Q W Y N A
S T U V Y P Q E K D H T S I E U D T E D
H U M M I Q L C B F Q R O B N R R M R V
I P R O G R E S S I N G M U T I S N A A
F B H B F R L B Y K H C S T X S Q U T N
T E N H A N C E G Q F V R I O E Z W I C
I X F A O P F J V W Z W I O N U B E O E
N H R R E P A I R J N C H N F P P Y N S
G J B K V W L G T S L N W H D I Q E S B
L O J L O R C S N N I N C R E A S E F R
I L F Y A E P A E K J L V O R I Q Y A V
```

Now let your three words inspire your thoughts about what in your life has improved for you over time. What are some ways you've grown? What would you like to improve? How can you start today?

_____

_____

_____

_____

_____

_____

_____

_____

_____

_____

_____

_____

_____

_____

_____

_____

_____

_____

_____

_____

_____

_____

_____

_____

_____

HAPPY

```
D N W G F V G N I T A I C E R P P A H A
U C R F Y D I X F T T V I O X S L G B E
T S G G T S M L L K I T Q A J X N M I G
C D Z E O E T R W A R M H E A R T E D L
D I D K B R T K J E Q L M K K C U L Z A
Q Q I I R B M G D C T L H V L L N X L D
P N J J I A L S S I R H Z L X E N E T C
O U T O F O D I B B Q E A M A Z I N G R
D M J Y T C K I S C K S Q U A I O P Z Z
I K E J Z G T T A S R C H H Y X Z S M U
P E H T U C V L O N F X B I C S N H V O
S G P R H X T E T G C U B U S I W T B M
V V O Y A F C R E B M E L G F M W C T W
I V S C M O N O Q T P R B N C T S G N V
S O I D I X J U P A E L D E G U T E S P
A R T P L G U O W L O M V S K S T H A Q
T B I I F H Z N P Y D U V M N A U L K B
X H V D S D F R U K Q R V B B K D U K K
I F E R B C B H F X S E J G J K H E Q Y
F L S R Z U D V D X J R D L A U G H V X
```

WORD LIST

WARMHEARTED	APPRECIATING	JOY	LAUGH
RADIANCE	POSITIVE	GLAD	
AMAZING	LUCK	BLISSFUL	

SEARCHING FOR INSPIRATION

GRACE

```
H G X P R A I S I N G N Q R O T N K G C
C R A D C A P R X D I J Y S C W P C E N
B A D N N D Z N Q Y F K H R J O N S O E
M E J Z O X T V V B Q K O A H Z Q C Y Y
Q P L N R B F I Q E U M P W W P F K F L
X I T O C G L H S Z Z Q Q W H S N B O Z
Q C H E N I N E H I L P S H F D C P X E
R N R C O G C I N A H S U S Y B B B R D A
D W E S U M X X V Y L M O F E I E W E D
U E S F D N E R W I B H M K B E L W B N
Q P P C N X K C F L G M K U U N I T W B
S H E D Y Q M F E K D S J R K G E U F S
W X C E C U E L C G T D K U W R F B I V
T T T N A K M J S J N R Q N T O K T T T
M Q F J S N Z P W A U H Z Z A A I E T W
S Z U R J H Y E H O N O R E D H J I N T
D P L E M W G E S R Z O P Z Q J T H D M
T W A Y S Q Y C K J O B H H Q V K T W T
S F H E N G G O O V W S E R V I N G B Q
P G X A U A X Z P T A K E H E A R T R K
```

WORD LIST

BELIEF	PRAISING	THANKSGIVING	TAKE HEART
NOBLE	RESPECTFUL	SERVING	
BELONG	HONORED	HUMBLE	

PROMISE

```
M Q I E R N M T R V K X R R K V R D M V
W B B N L D K G K B I Q P E B A O H C A
A J A D T S Z P X H E B I I N Q S U S N
Z D E V E R Y W H E R E V S O M X K W J
G Q E J S S H D T G R Z R U G M T A C F
R N J N K F L O B N W E C W T F D O M C
V A I F A I Q E W R H B M E S L T A Y M
E J D R Z A P C P T L N F R U I T O K Y
I W D L P N X W A M D L I B G Y Z A N L
Z I B W J S N E I X B D H U L A P I A M
J N B Z E N F V C N S D J T B A T C F O
D D U H T R H X H V G K G T K B O T C O
L O K W L E N E G C F S X E Y P B W Y L
O W S N M X P T N C D C Y R S X U B W B
P C G S J Q Y V Z T K L B F V I N H X D
R O L C N D P X I A I I I L I V Q S Z X
E J M J I S C X U H H T Y Y M K E T D D
I Y Y J N K Q A I I F A V J S V E R H F Y
K H I I P D F W C P E I F M D U D X R D
Z V D L E Q X H X K Y K Q Y S H C V G A
```

WORD LIST

BUTTERFLY	WINDOW	EVERYWHERE	FRUIT
SEED	FEATHERS	WINGS	
DAWN	SPRING	BLOOM	

ENCOURAGEMENT

```
R B D B B X C A P A B L E F Y K U G S H
A L O N G W I T H E G N R P T X X J S W
A E Q K L T H H R Q X I V E C S W W N M
Y E D E M C I L Z L E Y N Y O W A A Q Q
A P N E K E R K E Q U C E W U O N V K N
M P D P Z T U M U M O F Z F N M A G G F
B D Z G V O N I Y U P F D R S N B H K D
C F R O F R U S R Z X A N S E P Y M C G
N S I I D P J A C P E O T O L U A F Z K
U U W N F D G B P H H N X H K E U A D R
D E V G N I Q R J J E I U B E A S Q G X
V K O W N S K M R V E P L L T D N O A O
N R P G H A J O A D V V R L B U I Z D Z
P X D E E Z O S C J D E A O U J A C A G
J G F A C I N G G P X C H G N R T O L R
P L U D S S Y H W B X U L W T H J I P M
S V E P A C K Z L J V T Z A R M V Z R E
P O L Y D Y I P J O F N M L B I X I S J
A H P X X V H Y B S G R Y G N T O H G W
U N O C Y Y T V W Y Y E U Z S N D U H R
```

WORD LIST

KEEP GOING	ENCOURAGING	FACING	CHEER ON
CAPABLE	PROTECT	FUEL	
ALONG WITH	EMPATHETIC	COUNSEL	

Reflecting on . . . *Possibility*

Let your eyes travel over the letters below. Write down the first three words that you see. (Hint: there are fifteen words total.)

1. _____

2. _____

3. _____

```
M C T H L Y C D Z C L D R E A M I N G U
F Z N W L N W P E B P J L C S O J L M K
M L X S C Q R S P Y H G R O F E Y X U H
E C Q F I O K Z U F B D H U Z S E B W H
F C H Q I G U S F P C B G N H O T D N C
E Q N C H G N L F N R Y A E F M B C N Q
P R D O D R Q S D J I T S N V E X T W W
M V W J Y Z A D C N R K I D T W O C E A
G U G M V R V T K A V E I I P H N H V Y
R V W D P U Q Y D Q E H P N O E E Y Y A
L N G Z J E D S F W G Q V G I R D I P Z
T Z U W C V B C E P Q D Z N N E A J A W
N V D J A R Q S M W M C R U T X Y X B C
R V T I N M L N N D K H T K O E L F I Z
F A B C U N K N O W N A N A F L M T L D
L I K E L Y V Z M D T N A M V L X Z I X
N X I U J C K U M R K C C P I U Q G T D
V M L U R L N D L B K E U D E E H A Y P
E O F E S P W M D H U O H F W Z A J B W
P E R H A P S A N Y T H I N G E Z L U Q
```

Now let your three words inspire your thoughts about possibility in your future. How can you open up more possibility in your life? Who could help you? Does something feel impossible? How could you change that?

_____

_____

_____

_____

_____

_____

_____

_____

_____

_____

_____

_____

_____

_____

_____

_____

_____

_____

_____

_____

_____

_____

_____

_____

_____

_____

_____

_____

DIRECTION

```
O B D L L F L U J N S G M Z V M Q P R H
T L I W W H T P P Y R F Y I N K U B S U
G H S H R I H G O K D B E M A C R X W N
U D J R O A D M A P H I J Q M M I P H J
T B Z U S I G F E Y N N Z Z C F G C Q R
F O V S I Q I V H U J E N K C M H O Y O
J C B X B A E J Z O T G A Q R G T M L L
T U F O L L O W W H T S M H B Z T P E Y
R P O B R P P A N M R R Z M E X R A X H
D K C C I U G A L Z L B V M P R A S L F
Q M R L D H N L H J L O O N O G C S S Q
Z E O J X T C O V V S V N U C X K H V E
H T O J M P H O Z O S H H S O O T O U R
N P F T E A E H Y L P U O J Z F K Z R N
H A P D M A L Q X X C A Z U J L H H O O
P T E O P O W I R B L U Q O N N J I P O
T G C W Y J V P G R T G S K N E T T F I
G U I D E Z Q N E N D A I F I C R M H E
S T E P P I N G S T O N E S A C Z J V U
H I A G G S H E P H E R D L U O J V A C
```

WORD LIST

ACTION	RIGHT TRACK	PILOT	ALIGN
GUIDE	FOLLOW	COMPASS	
STEPPING STONES	SHEPHERD	ROAD MAP	

LIGHT

```
A K X U U R F O X Z C T M X N G K K Z L
L J R Z I G E O X Q C A N D L E W B U K
J W I Z S S T L J A D Q L J L E I U D O
R J Z K Q Z C T Q Q G C U Z F B P R K C
E R V M T J V S H N L O Z Y E M K N A R
R F F O E L K N I W T A M T A T H W Y E
M D X D U Z I H D A D A C L D L G S J P
K M U K G M S A O D E H Q E L B I A F S
D U Q L U I G K I B R I G H T N E S S F
B T O T N I Q G B F R H Z H V V W U B O S
X W F O V O N O W P V T H B L U K I X
O V T N G J E B O S I X O F A T P O S H
E S G X D R O E K O P C Y I T U D E I G
A Z B O R D Q B C G L U D O R M J J E S
K S Y F S U N B E A M I P Y U S Z X L K
E J N D Y G Q O P R R Y V P M Q B D M
I Q I M X W T T U Y X P H R Y G D S I P
A I E G J D A V C L I G H T H O U S E M
N I K Z T Z N I W E S T N B O O G J T J
W U H B T Y Q C V I F P U J S U U G A L
```

WORD LIST

SUNBEAM	LAMP	GLOW	DAZZLE
ASTONISHING	CANDLE	BURN	
LIGHTHOUSE	TWINKLE	BRIGHTNESS	

QUESTIONS

```
B B S I A L Y K I P U W E R I M D A F V
T K V Q U U M J B I G P A K O S I H Z F
S U O M X R V V F A S C I N A T I O N I
E I B D E G B T G E R R P W N A Q P M N
R B Q P B N P N B D T G D F R V H T E D
E E F I O Z I E C I G G H C K G V I M O
T O U L X L W W J E N Z N H L N R V M U
N C Y R R O T N V I F S N I U B A Y P T
I W Q X S P X E K L Y O R L W R S G N C
P I C G D F X S I E Q W W D U E L V K L
H X Y N K Q A S R A W L N L D M A B X N
E X N K P J X Z R R K G E I K T W T F H
Z V R N J D G Q P N L I E K I H N P H V
L Q I S Q L H B A S J W R E Z N A H P O
M B C K E E I P M L C K J H C V F K V D
J U V C Q H R S M O I N F A Y O M J F Q
K S V J V F M P H O Y N X G K J G Y H E
G K O M L X O M L I T O G Y V P U P C N
A N S W E R I N G A C P O E X D T C O B
H Y V J T J F F A O B V I X R V U M L Y
```

WORD LIST

FASCINATION	LEARN	LINGER	FIND OUT
INTEREST	NEWNESS	ASKING	
CHILDLIKE	ADMIRE	ANSWERING	

VISION

```
Z V W F Z L E W D K A B I G U J W M M I
T I R S L N G O A D R H R Z T Y Q A C F
S X H R T H S G J T K J N I W O O A X V
I X N N S C A L O J C Q J E M I Y Q T M
L K Q O K D N V I D U H F O V A F R C D
L W Y G D E W Y W O T Y G X E M G L U F
B O B F A F D F R A E P P A E R G I X C
K V A W S L O P D Q L Y A P S L Q W N W
G S T B F O R E S I G H T O D U E G Y E
G Q A D Y J S R B P I Q O N S P E I R B
D P Q U A U D S A X K Y R Z W U N L W F
W B E G M N P H V X C Z D F Z V E F Y
W B Q I U C J E Y R E Y E S Z A G I A V
L L H R T C E C R V K W Y K V R U G B A
F E T S E K Y T U R M L J L R J C V Y G
B Q W F H D E I V I K Y M Q S B T O G C
U T M T S R Z V O R A N M G B S G F Q M
L Q L C A E U E F R Q W E A V O A Z T O
U L D W P Y P E R C E I V I N G O X J E
H M A X I Z H G T V O V I S I O N A R Y
```

WORD LIST

AWARE	REAPPEAR	FORESIGHT	IMAGINE
PERSPECTIVE	SEE	PERCEIVING	
WATCH	EYES	VISIONARY	

Reflecting on . . . *Harmony*

Let your eyes travel over the letters below. Write down the first three words that you see. (Hint: there are fifteen words total.)

1. _____

2. _____

3. _____

```
S O D U V L H Z A Y A N O U X E C P B A
U C H I M E F L O U R I S H I N G C W C
N G M H K S V E P O Z V J S M Y N D C C
B H H B V F H T F T H O B S Q V W P T O
Q G B A L N Q O A F V T G K U W X E Q M
Y Q P Q O F G B V Z F L V Z N A R R V P
W J P O W P P D R Y G D W H I L J F V A
O T A D N J O U P W I W A S T O U E G N
C S G Z S Y T H B P I V N V E N N C R Y
B E X T H G H O M Z L V J A D G J T R A
R L D G K X Y S D U L U Y K O G Y G Z W
T Q Y B S A Y F Y A H A R M O N I Z E S
T W G Q A L L A R O U N D K G I C J T O
W Y M D A C B H P B Q C O E X I S T A N
M A Y O T O E M R F E D V R E H X I Q G
E I E A T K Z H U N I S O N Z X Q S M M
L Z J Z U K D W W D B B W O Y K C Q F
O C S K N X S R J H J B A L A N C E D N
D F L L E F H F P B J Q A I D K X S L Q
Y W X F C C X C Q I J P C A D E N C E H
```

Now let your three words inspire your thoughts on the word *harmony*. What feels in harmony in your life right now? What does it feel like to experience harmony?

_____

_____

_____

_____

_____

_____

_____

_____

_____

_____

_____

_____

_____

_____

_____

_____

_____

_____

_____

_____

_____

_____

_____

_____

_____

BEGINNING

```
R R D O B W H P C R Y Z D O U K X N H Q
K G Q U H Z E P K R T Y I G Z K N P I T
R I W T F P Q E D U O S V V O P V X W E
Z C U R Q X H J D S O D X B G J C X D K
E V C Q H Y E M B A R K J V T F K U A J
N S R J E B G V V U O Q Y U M N L D E Y
S P R N N X L L U P Y O P A M E I V P X
W R T D I D I F O X J B N H R F D H W R
H O O D L T M K A L A I D P E W F Y B N
N U D P L F P B P Z Y I G O S T M B P L
U T A A M N S D Y S I Y D O A E N F F F
L I Y A F C E C A P B J T U G I A A T B
J N M X I B H T X D K F Y Q I K T R M G
D G O B R T G M J U O X C X S K A O L O
N U Y F S F S V I Y K D B P H M I H G Y
V I M A T T X I W S C W J C D M M H E W
A U Q M S G Z Z B E G I N B T Y K T J H
L M Q I T N S V Z G G R E E T G Y Q T O
Z W H I E G R J X B H X T V D Z Y I L
K R J N P V G S A K Y D C Q J D D N P G
```

WORD LIST

GLIMPSE	SPROUTING	PRELUDE	EMBARK
EARLY	GREET	HINT	
BEGIN	FIRST STEP	TODAY	

ASSURANCE

```
S B V I N I H E L P Y O C A N V V Z T D
C B X I O F C O U R S E K E I N Z Q Q E
A G U S U H F D B E S B F V B D T G B R
Q J R W H Y L B W I L L C O M E U D X M
J E E T O Z Q Y Q C O M F O R T I N G J
Z W L F S W Q R Z P Y T Y T F R S P L B
X J B D N H J R E F B C S G V M K E V B
H L A O J X B E A X A J Q G L R G I X
L X T H W H R G X Q S T J T X B M R W E
V U I H G L E R H V B S W B Q V M Y U M
C R V O A J T T T Q X V U A G A I N P X
Q B E W Q C T G Q L X I K R F X D F C F
E S N E N I F P Y V Z D E C E A Y B G R
S B I M A B O V F V V W M P E K X Y G C
J G K D E L K O U D T P P I Q Q J H S S
V G Q K Y O Q F X C T N A E M C E X O L
K J F T C N E F C E R T A I N Q Y M K N
L E K T D D A C O Y T C C C V M R Y Y H
N S B S U R R O U N D I N G B B Z B E O
O F W X P A S K I Y B M O T T E O P G F
```

WORD LIST

AGAIN	SURROUNDING	MEANT	COMFORTING
REASSURE	WILL COME	INEVITABLE	
HELP	OF COURSE	CERTAIN	

FREEDOM

```
Q W K M K L W Q E G T U E D I P Y V C F
E S J D C R A J Z E S V W I T N J W W S
K N E Z N N E D W M E I U N P D U J A Y
V I C T O R Y S Y I H A Y T Z L W O N P
I L F D L L B L L D F Q S J G S A V W V
J I L Z C X R E G G P M B P S E H H X P U
U B H O E A R X P P Y V A M I M T W S O
I O U N E D U O P E N H G L X R W N U O
T E U L T O A P L Z Y N Q N C J E J Z I
Z P C X Y V H I X U I W L S N R F Q U Z
B L O V H W B O M W C T H P F G O Y H T
Y N Q R B E Y A O O X K T J C F K E W
A P K U R T R L U H C G S Z H B T M U D
A T D T W R L Q Q O I J F O N L N A J K
R N Y I C A S L L Q T K G X Y H J K W I
E B U X F G K B P D U D E L I V E R E D
X W F Z W H N R Z A I M N N U Q V X M
H K T N T U J O X Q A E W G E M Y E E T
N V C B J I A J R A J T W D T W O J Z C
Q F R E E L O L L H Z Z Y V P E N F Q O
```

WORD LIST

VICTORY	LIBERTY	CLEARLY	RELIEVE
FREE	DELIVERED	OPEN	
ALLOWING	ASPIRE	UNBLOCK	

FORGIVENESS

```
I Q A T M L N V V S E D I X O T H U I U
X S Z A U G S V A U N D E R S T O O D G
S I D L C N X Q S E F G Z A T W L N O K
B A M Q H I Z H T V I E J K V M R T I I
Y F V N O L Z M Z F U O G K X C J M P R
C V Q L I L Y D I G T O Y M K O U L K Z
T O M G C I T Z U Q R Y O E N L G Q M G
Q R J N E W Q U L D Y Q E R T O S V B B
H Q V I Z C V U F F A D Y C V Y Q D Q U
I Q U S E H L S O G G J Q I Y O I R A J
F M L N J V F W R K A T R F J Z I E Z D
O Q N A R Z C T G Z I H K U K N K A P S
F Z E E T Z Y M I U N L P L O A L Z H P
R E R L Y K R G V F S X K I F O F I A A
I D A C O U A F E G O A T B Z I W M L S
I P B V R V U U G D S A R V L M H Z M S
D D L N R I Q F W M V P H H K X P J Q Y
G U E Y H Z V G T L O Z C Y M D J R E P
K W Z J S N N E A X T T R Q H T O M W U
L N M S A X I S A C T P G R R O M K Y Y
```

WORD LIST

WILLING	CLEANSING	SALVATION	PASS
CHOICE	UNDERSTOOD	MERCIFUL	
FORGIVE	VULNERABLE	TRY AGAIN	

Reflecting on . . . *Exhilaration*

Let your eyes travel over the letters below. Write down the first three words that you see. (Hint: there are fifteen words total.)

1. _____

2. _____

3. _____

```
C W M A U L F U L L S X U V D G W A E O
A Y V X J Z J Q D Y X Q L Z Y I K C I G
C S N D O L X I G W U B K Y L U I B G Z
D G T C S Y M B R I L L I A N T F Y S I
J V M I G L X T U B X F B A S S S B V Z
T L Z M B A O E K R D W W V I B U C Y W
I K P S Y K E O J E N L S O X R N F Y T
U A D K F M F G F A E R U O Z B L Z E D
A K N Z Y C V E J T A X X G X T I E J K
B M F O N F I R E H Y S C E V H M X F Z
E S P L E N D O R T S H Q E X D I H Y U
X P H D Q Y N X W A F I C B E K T I D R
C V A Q U N W D Q K T N F L Z D E L P A
I N P B L K E Y F I V E Q G S H D A R G
T E P O C S A B O N S Q J N A Z S R R V
I U I F R P G E F G O D R I S K Z A R K
N V L W C G E V H Q X O I Q J 2 B Z T X Q
G G Y T G L R P A M B I T I O U S E K E
V P R S J L L U F L Y G T A Q U E P C D
W E I N U D Y A W E S O M E N K C K M X
```

Now let your three words inspire your thoughts about how exhilaration feels. Describe it below. When do you feel exhilarated?

_____

_____

_____

_____

_____

_____

_____

_____

_____

_____

_____

_____

_____

_____

_____

_____

_____

_____

_____

_____

_____

_____

_____

_____

_____

SPREADING JOY

Hope and happiness are contagious. When you share these positive feelings with others, the feelings grow and expand outward. By spreading joy, you're giving a gift of hope.

Think about all those whom you've shared joy with and answer the following questions.

Who are people you've laughed with or who have brought you joy? List them below.

_____

_____

_____

_____

_____

_____

_____

_____

_____

_____

_____

_____

_____

_____

_____

_____

_____

_____

_____

What are some ways you could give happiness and hope back to them?

_____

_____

_____

_____

_____

_____

_____

_____

_____

_____

What else brings you joy in life?

_____

_____

_____

_____

_____

_____

_____

_____

_____

_____

_____

SEARCHING FOR . . .

Answers

GRATITUDE (PAGE 8)

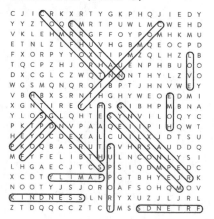

MINDFULNESS (PAGE 10)

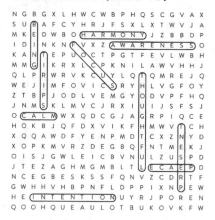

JOY (PAGE 11)

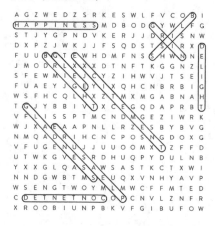

PLEASURE (PAGE 12)

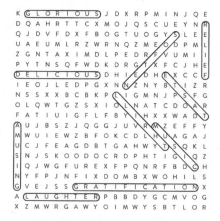

HAPPINESS (PAGE 13)

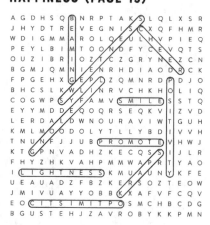

NURTURE (PAGE 14)

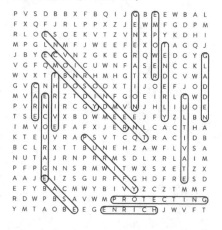

WORD SEARCH ANSWER KEYS

WELLNESS (PAGE 16)

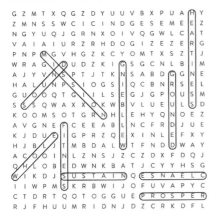

INTENTION (PAGE 17)

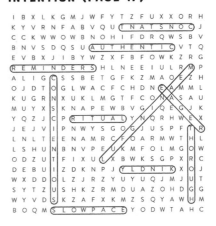

FRIENDSHIP (PAGE 18)

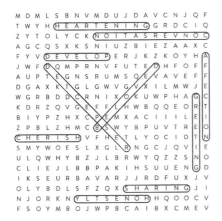

CELEBRATION (PAGE 19)

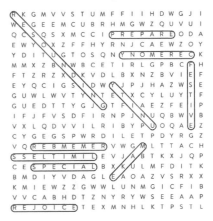

REST (PAGE 20)

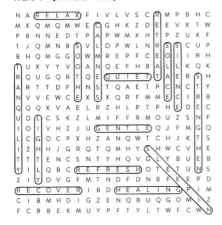

FULFILLMENT (PAGE 22)

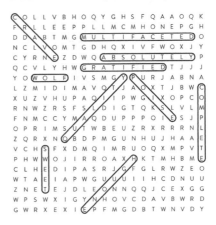

WORD SEARCH ANSWER KEYS

SIMPLICITY (PAGE 23)

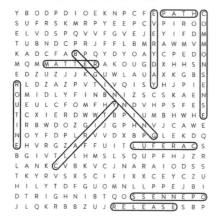

DREAM (PAGE 24)

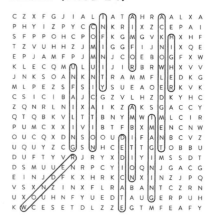

INSPIRE (PAGE 25)

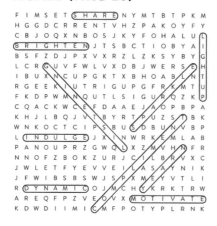

APPRECIATION (PAGE 26)

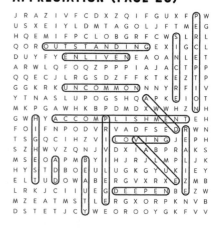

HONOR (PAGE 28)

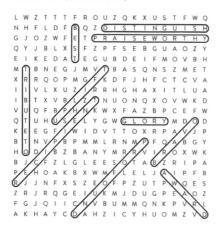

PRAISE (PAGE 29)

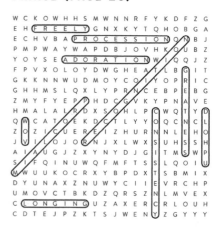

WORD SEARCH ANSWER KEYS

BLESSING (PAGE 30)

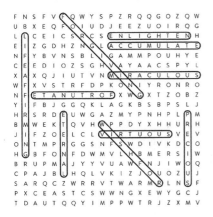

GROWTH (PAGE 31)

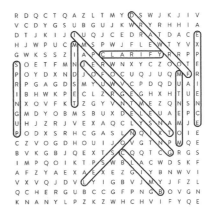

ABUNDANCE (PAGE 32)

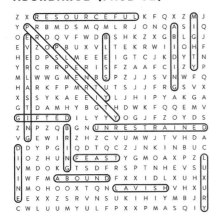

PURPOSE (PAGE 34)

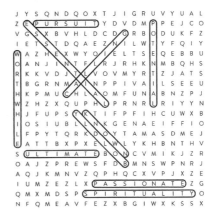

ATTENTION (PAGE 35)

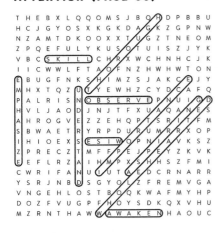

THANKFULNESS (PAGE 36)

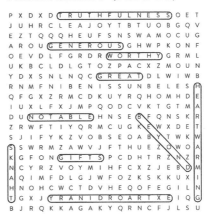

CONTENTMENT (PAGE 37)

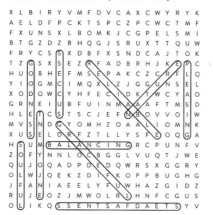

PLAY (PAGE 38)

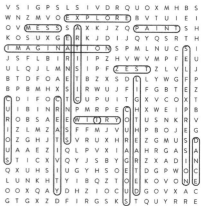

FUN (PAGE 46)

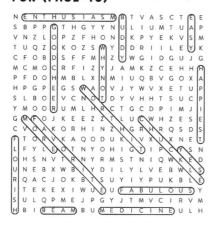

GENEROSITY (PAGE 48)

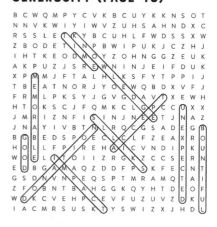

COMMUNITY (PAGE 49)

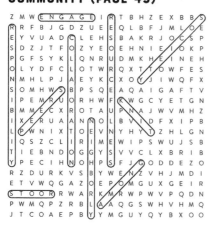

LOVE (PAGE 50)

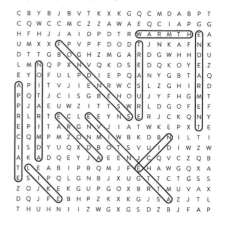

WORD SEARCH ANSWER KEYS

SUPPORT (PAGE 51)

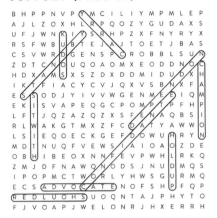

RESPECT (PAGE 52)

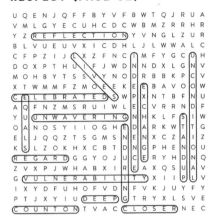

COMPASSION (PAGE 54)

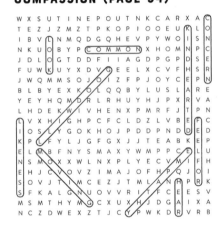

CONNECTION (PAGE 55)

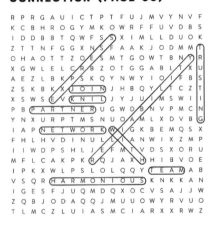

SELF-CARE (PAGE 56)

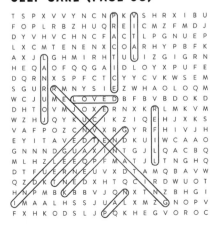

HOSPITALITY (PAGE 57)

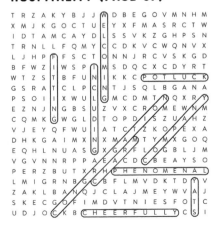

WORD SEARCH ANSWER KEYS

UNDERSTANDING (PAGE 58)

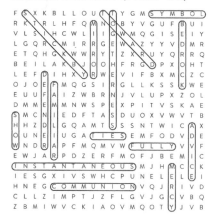

HUMANITY (PAGE 60)

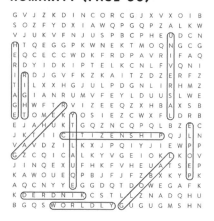

CHARITY (PAGE 61)

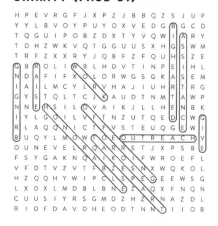

SYMPATHY (PAGE 62)

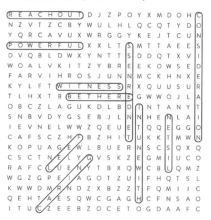

SERVICE (PAGE 63)

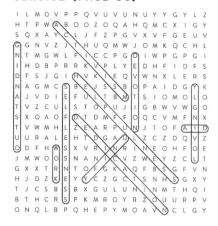

SPONTANEITY (PAGE 64)

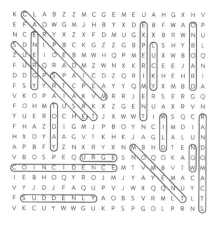

WORD SEARCH ANSWER KEYS

TOLERANCE (PAGE 66)

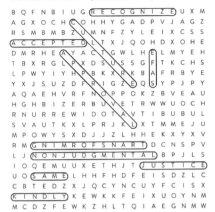

NURTURING (PAGE 67)

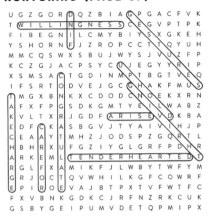

AUTHENTICITY (PAGE 68)

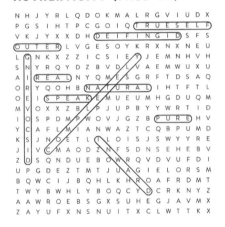

SATISFACTION (PAGE 69)

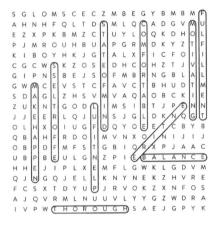

COURTESY (PAGE 70)

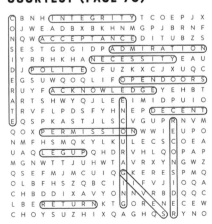

PASSION (PAGE 72)

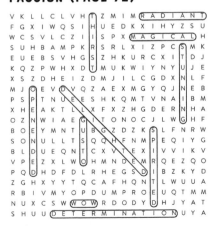

HONESTY (PAGE 73)

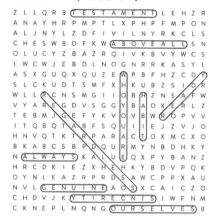

TEAMWORK (PAGE 74)

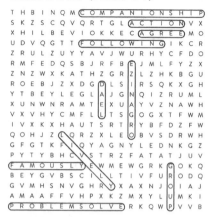

MEANING (PAGE 75)

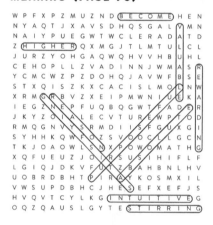

FRIENDLINESS (PAGE 76)

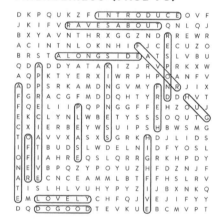

NOURISHMENT (PAGE 84)

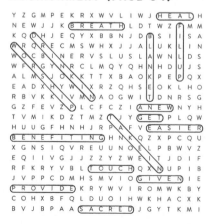

FOUNDATION (PAGE 86)

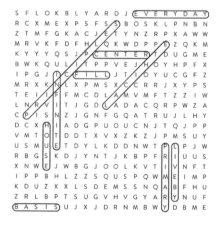

WORD SEARCH ANSWER KEYS

PROGRESS (PAGE 87)

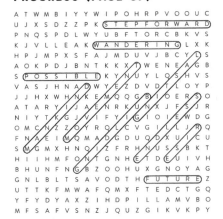

WISDOM (PAGE 88)

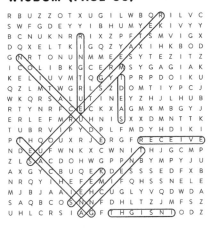

BELIEVING (PAGE 89)

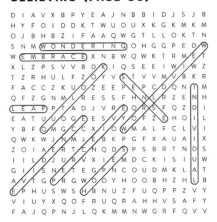

LEADERSHIP (PAGE 90)

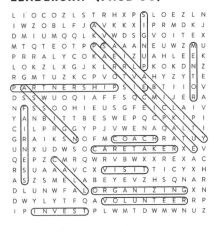

NEW LIFE (PAGE 92)

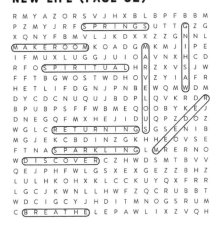

TRUTH (PAGE 93)

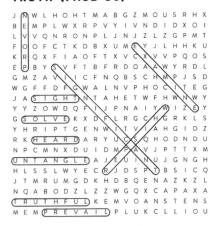

WORD SEARCH ANSWER KEYS

STRENGTH (PAGE 94)

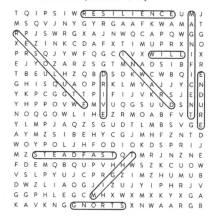

PROTECTION (PAGE 95)

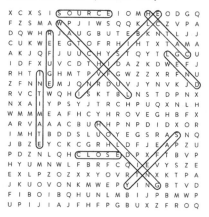

BELONGING (PAGE 96)

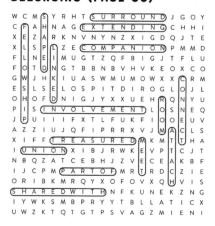

GUIDANCE (PAGE 98)

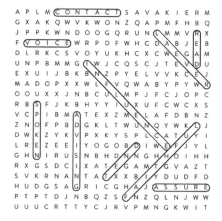

GOOD NEWS (PAGE 99)

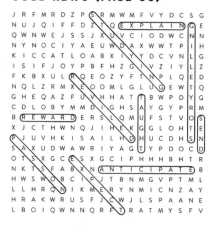

PLACE (PAGE 100)

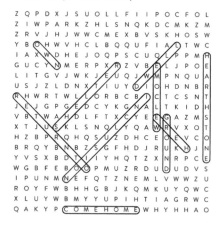

WORD SEARCH ANSWER KEYS

DETERMINATION (PAGE 101)

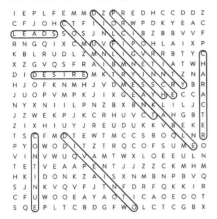

SERENITY (PAGE 102)

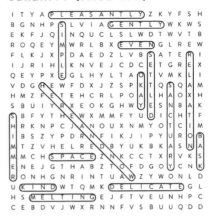

CONFIDENCE (PAGE 104)

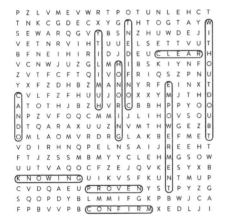

CLARITY (PAGE 105)

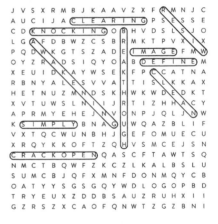

JOURNEY (PAGE 106)

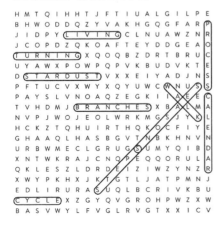

CHANGE (PAGE 107)

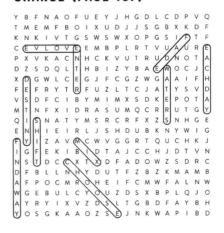

WORD SEARCH ANSWER KEYS

COURAGE (PAGE 108)

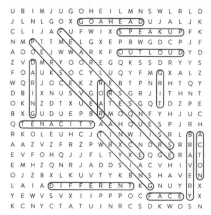

TRUST (PAGE 110)

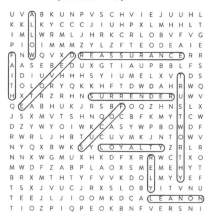

PATIENCE (PAGE 111)

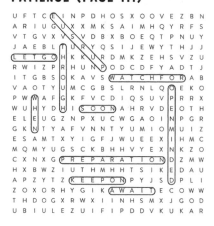

ETERNITY (PAGE 112)

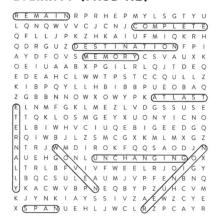

CURIOSITY (PAGE 113)

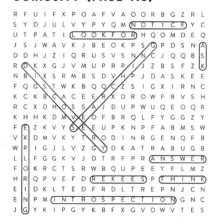

VITALITY (PAGE 114)

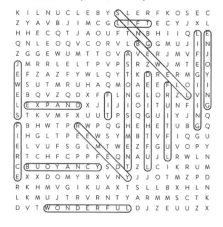

ADVENTURE (PAGE 122)

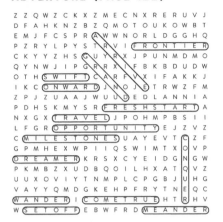

REJUVENATION (PAGE 124)

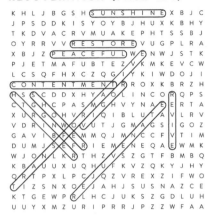

EXPECTATION (PAGE 125)

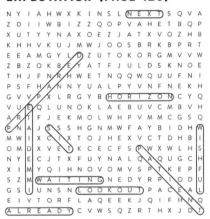

TOMORROW (PAGE 126)

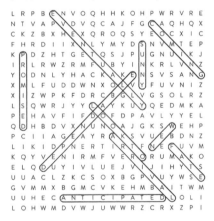

STEADINESS (PAGE 127)

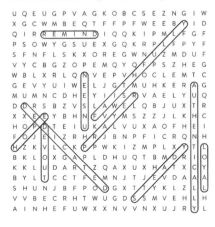

RENEWAL (PAGE 128)

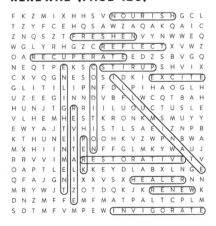

WORD SEARCH ANSWER KEYS

PERSISTENCE (PAGE 130)

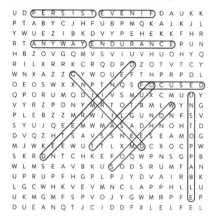

BELIEVE (PAGE 131)

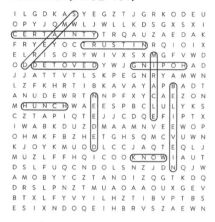

INVITATION (PAGE 132)

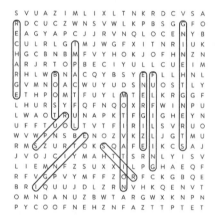

MORE (PAGE 133)

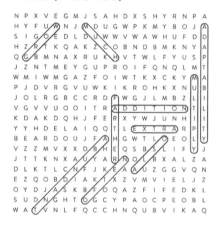

IMPROVEMENT (PAGE 134)

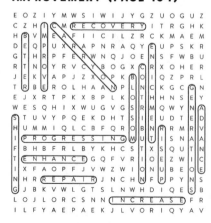

HAPPY (PAGE 136)

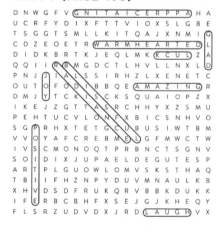

WORD SEARCH ANSWER KEYS

GRACE (PAGE 137)

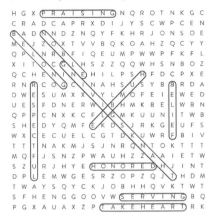

PROMISE (PAGE 138)

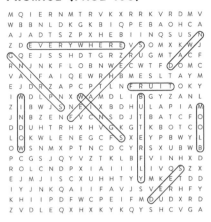

ENCOURAGEMENT (PAGE 139)

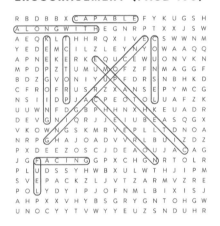

POSSIBILITY (PAGE 140)

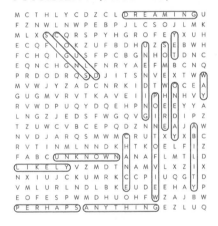

DIRECTION (PAGE 142)

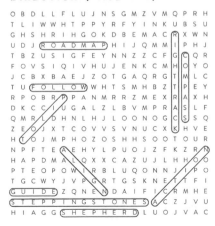

LIGHT (PAGE 143)

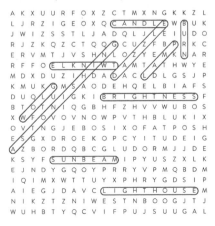

QUESTIONS (PAGE 144)

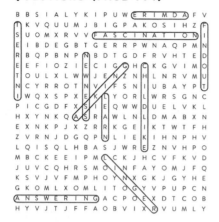

VISION (PAGE 145)

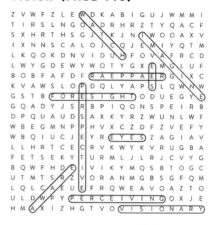

HARMONY (PAGE 146)

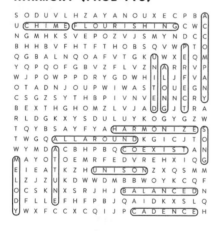

BEGINNING (PAGE 148)

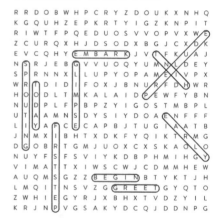

ASSURANCE (PAGE 149)

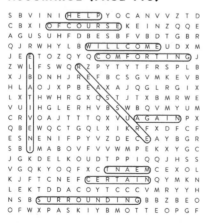

FREEDOM (PAGE 150)

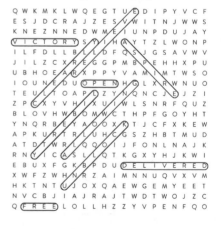

WORD SEARCH ANSWER KEYS

FORGIVENESS (PAGE 151)

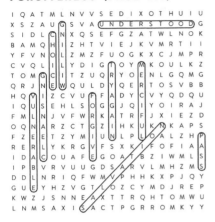

EXHILARATION (PAGE 152)

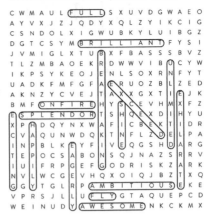

FINDING INSPIRATION

As you finish the last pages of this book, reflect on how it has felt to give yourself a few moments on each page to look within yourself. What do you notice? How do you feel? How might you continue to search for inspiration in your own life?

_____

_____

_____

_____

_____

_____

_____

_____

_____

_____

_____

_____

_____

_____

_____

_____

_____

_____

_____

_____

_____

_____

_____

_____